Conversación y controversia

Tópicos de hoy y de siempre

Segunda Edición

Andrés C. Díaz
Nino R. Iorillo

 Prentice Hall, Englewood Cliffs, New Jersey 07632

Library of Congress Cataloging-in-Publication Data

Díaz, Andrés C.
  Conversación y controversia: Tópicos de hoy y de siempre
  Andrés C. Díaz, Nino R. Iorillo.—2. ed.
    p.   cm.

  Includes index.
  ISBN 0-13-172982-9
  1. Spanish language—Conversation and phrase books.   2. Spanish language—
  Grammar—1950–   I. Iorillo, Nino R., 1937–
  II. Title.
  PC4121.D48 1991
  468.3'421—dc20   90-44063
                                                                          CIP

Acquisitions Editor: Steven R. Debow
Editorial Assistant: María García
Editorial/production supervision and interior design: José A. Blanco
Cover design: Bruce Kenselaar
Cover art: *Pez con rostro y manos,* Gallery of Sergio Bustamante,
Tlaquepaque, México
Prepress buyer: Herb Klein
Manufacturing buyer: David Dickey

©1991 by Prentice-Hall, Inc.
A Division of Simon & Schuster
Englewood Cliffs, New Jersey 07632

Printed in the United States of America

10   9   8   7   6   5   4   3

ISBN 0-13-172982-9

Prentice-Hall International (UK) Limited, *London*
Prentice-Hall of Australia Pty. Limited, *Sydney*
Prentice-Hall Canada Inc., *Toronto*
Prentice-Hall Hispanoamericana, S.A., *Mexico*
Prentice-Hall of India Private Limited, *New Delhi*
Prentice-Hall of Japan, Inc., *Tokyo*
Simon & Schuster Asia Pte. Ltd., *Singapore*
Editora Prentice-Hall do Brasil, Ltda., *Rio de Janeiro*

CONTENIDO

Preface

The second edition of **Conversación y controversia** retains many of the topics and discussion questions from the popular first edition and provides a challenging environment for the development of sophisticated communication skills. The text/reader is intended as a springboard for conversation or composition courses in a wide range of high schools, colleges, and universities. It has been used as a core text at the fifth semester level and in conjunction with a review grammar at the intermediate level.

Each unit of **Conversación y controversia** focuses on a lively and controversial topic of interest. The text is extremely flexible in that units have been designed to be completed according to individual class interests and time availability. There is no progressive degree of difficulty in the book so that topics may be selected at random by instructors or students.

Conversación y controversia stimulates creative, critical thinking in Spanish through activities which require students to present arguments and positions, to persuade and to analyze, and to gather and interpret others' points of view. The authors have found that stimulating student to student interaction and conversation is best achieved in an atmosphere where the material under discussion is common enough for everyone to hold an opinion. Consequently the authors do not claim to be factually correct nor accurate in the opinions expressed in the readings because they are just that—opinions. Their purpose is not to propagandize, but rather to maintain an objectivity in the presentation of many sides of an issue to which students are asked to respond with personal opinions and insights.

The grammar sections in each unit are intended to review difficult structures in Spanish on an informal basis. Structural exercises may be assigned and completed in class if the class level requires this. Topical vocabulary has been integrated into the exercises to whatever extent is possible.

Acknowledgments

We would like to thank the many reviewers who offered suggestions and critical evaluations of the second edition of **Conversación y controversia.** Among the many colleagues who responded to our revision plan, we gratefully acknowledge John Gutierrez, *The Pennsylvania State University,* Dinorah H. Lima, *Towson State University,* and John Twomey, *Southeastern Massachusetts University.*

We would also like to extend our appreciation to Sergio Bustamante for permitting us to reproduce his beautiful sculpture on the cover of the book. At Prentice Hall, Steve Debow managed the second edition with enthusiasm and zeal. María García ably assisted with the many details surrounding the manuscript. Ann Marie McCarthy and José Blanco handled production and design with consummate skill and attention to every detail.

The authors would also like to extend their appreciation to their wives for their help and understanding as the text was being revised, and to Kathy Díaz for her assistance in the preparation of the manuscript.

Finally, the saddest acknowledgment we make is to Isora Díaz, the devoted wife of Andrés C. Díaz. Her death in August of 1990 was a stunning blow. Without her there would have been no book, for her vision, intelligence, and unwavering support were essential in the planning and writing of both editions. Her untimely passing is cause of regret and the deepest sorrow.

A.C.D.

N.R.I.

La batalla de los sexos

CAPITULO 1

¿Cuál de los dos?

En la procreación del género todos estamos de acuerdo de que tienen que existir dos sexos, la hembra y el varón, pero es mucho más difícil convenir en cuál de los dos es superior al otro.

Los dos se complementan tan bien que la naturaleza no admite ninguna superioridad ni inferioridad; los dos desempeñan distintos papeles. De lo que carecía nuestro "papi" lo tenía en abundancia nuestra "mami", y viceversa. ¿Quién querría vivir en un mundo con sólo un sexo? Necesitamos los dos.

Desde que éramos chicos había la batalla (a veces seria) de cuál era el sexo superior. Los varones querían jugar solos, sin que vinieran a molestarlos las chiquitas, porque ellas no podían entender los juegos machos. Era igual con las niñitas, que querían que los niñitos brutos las dejaran solitas para poder divertirse con sus propios jueguitos importantes. A veces las niñas se enfadaban cuando los muchachos invadían sus dominios para estorbar lo que hacían, aunque había veces cuando les gustaban las incursiones de ellos en el mundo femenino, ya que a edad temprana en cada sexo se despierta esa atracción natural que le dice a uno que el sexo opuesto le puede hacer la vida más feliz y completa.

En pocos años esa atracción es tan fuerte que hombres y mujeres prefieren la compañía del sexo opuesto. Pero a pesar de esta atracción o necesidad que uno tiene por el otro, siempre hay que aceptar que existen diferencias entre los dos, diferencias que pueden indicar flaquezas o debilidades y limitaciones en cada grupo.

De vez en cuando los hombres y las mujeres son capaces de reconocer estas diferencias con comentarios como, "si ella fuera hombre no haría eso" o "para un hombre es muy sensible" o "no se le puede esperar más, es sólo un hombre (una mujer)."

Es decir, aún el más liberal de nosotros, de vez en cuando, implica que el sexo opuesto es inferior o superior.

¿Qué piensa usted, amigo lector (amiga lectora)? ¿Cuáles son, según su opinión, las diferencias notables entre los dos sexos del género humano? ¿Importan? ¿Le frustran a veces? ¿Las acepta con resignación? ¿Las aguanta o a veces le enfadan haciéndole gritar y morder el labio?

PREGUNTAS ━━━

1. Si eres hombre, ¿estás contento con tu sexo o quisieras haber nacido mujer? Razona tu respuesta.

2. Si eres mujer, ¿estás contenta con tu sexo o quisieras haber nacido hombre? Razona tu respuesta.

3. En tu opinión, ¿quién posee más belleza, el hombre o la mujer?

4. Generalmente, en el mundo animal, ¿quién es más bello, el macho o la hembra?

5. ¿Qué compañía prefieres, la de personas de tu mismo sexo o las del otro sexo? ¿Por qué?

6. ¿Cuál es el sexo más fuerte, el masculino o el femenino? ¿Por qué?

El hombre es superior

Yo amo a mi madre, a mi abuelita y a mis tías, pero en términos generales somos nosotros, los hombres, el sexo superior. Esto es tan claro que no sé por qué se necesita discutir.

En la Biblia leemos que Dios primero creó al hombre, Adán, y después vio que éste necesitaba una compañera con quien compartir el Jardín del Edén, y así creó a Eva de la costilla de Adán. Primero, no nos olvidemos que Dios se llama "El Padre", no "La Madre" de todo, es decir que el lado masculino predomina porque todo comenzó con El.

Es el varón quien tiene que proteger a la hembra porque él es más grande, fuerte y racional. Es él, quien en el transcurso de la historia de la especie humana, ha impulsado el progreso y la civilización con el sudor de su trabajo, la creatividad de su mente y la fuerza de sus decisiones. ¿Quiénes han sido los individuos más importantes en la historia? ¡Hombres todos! Sean filósofos, artistas, inventores, políticos, científicos o guerreros, los individuos más atrevidos han sido hombres.

La razón de esto es fácil de ver: el hombre no sólo es más fuerte en el sentido físico sino que posee la capacidad intelectual y las convicciones espirituales para hacer lo que se debe hacer. El no se preocupa por su pelo, ni gasta tiempo escogiendo el vestido perfecto, porque sabe que hay que cumplir con cosas de más importancia. Todos conocemos la expresión "hombre de acción" pero, ¿por qué no hay una semejante para las mujeres? ¿Quién diría, "mujer de acción"? Claro, nadie. Es el hombre el que empuja, impulsa y realiza lo que ha soñado y lo hace sensatamente, sin quejarse, porque sabe que hay que hacerlo.

No obstante su fuerza mayor, un buen hombre no debe ser injusto o severo con las mujeres; él necesita reconocer sus flaquezas y aguantarlas porque eso también es evidencia de su fuerza superior, su compasión y entendimiento. Un buen hombre es generoso, como fueron Jesús y Moisés, pero es el hombre quien debe dirigir y tomar control de la situación. No puede darse el lujo de gritar o llorar o desmayarse en situaciones de peligro. Es el hombre el que protege a su mujer, el que le inspira confianza, amor y respeto y el que le satisface sus necesidades.

En sólo un campo le reconozco superioridad a las mujeres, y eso es en su belleza. No puedo apartar los ojos de ellas cuando las veo pasar.

PREGUNTAS

1. ¿Cree usted que realmente el hombre es superior a la mujer? ¿Por qué?

2. ¿Por qué las grandes figuras de la historia en su mayoría han sido hombres?

3. ¿Podría usted nombrar dos o tres mujeres que han sido extraordinarias en la historia del mundo? ¿Qué hicieron?

4. ¿Cómo explica usted que en los asuntos de amor es el hombre el que trata de conquistar a la mujer, o estima usted que es todo lo contrario?

5. ¿Quién ama más, el hombre o la mujer?

La mujer es superior

Es ridículo tener que discutir este tema porque sólo hay un género, el humano. ¿Por qué se necesita hablar de la superioridad de un sexo o el otro? La razón es muy sencilla, es el hombre quien tiene un complejo de inferioridad que se manifiesta en esas agresivas declaraciones de superioridad.

No es extraño que exista el término "machismo" que se aplica a la agresividad masculina, pero no hay ninguna semejante para las mujeres. Es fácil saber por qué: las mujeres no necesitan decir que son superiores porque ya todos lo saben. Las mujeres no necesitan demostrarle a nadie que son el sexo superior.

Vivimos vidas más largas; podemos tolerar más dolor; somos nosotras (la madre) la que cada hombre recuerda y llama en los momentos difíciles; es a nosotras a quienes los hombres quieren complacer cuando sienten esa necesidad de "hacer algo".

¿Quién da y nutre la vida de todos, sea hembra o varón? Claro, la mujer. ¿Quién nos protege cuando somos pequeños? La mujer. ¿Quién nos consuela en momentos de angustia? ¿Quién es el símbolo del hogar, de la familia, del amor? ¡La mujer!

Los hombres dicen que ellos son los impulsores de la historia, y tienen razón. Han matado más, iniciado más guerras, más atrocidades, más estupideces que las mujeres. No han podido controlarse y es por eso que la raza humana ha tenido que padecer tantos abusos. Es verdad que el hombre es más fuerte físicamente porque tiene músculos más grandes y la fuerza física que viene de un cuerpo también más grande. Por eso, al principio de la historia la mujer le tenía miedo y le permitía salirse con la suya; y si añadimos a eso que la mujer tiene que llevar al niño por nueve meses en su vientre, podemos entender por qué la mujer no podía hacer las mismas cosas que su marido. Ella estaba haciendo lo más imprescindible: perpetuar la especie humana, lo que ningún hombre puede hacer.

Ahora que hemos visto los horrores y las estupideces de los hombres, estamos tomando las riendas de la historia de sus manos porque bien sabemos que su próximo error estúpido puede poner fin a la vida humana en este planeta. Es nuestro turno, y estamos probando que podemos cumplir con nuestros deberes tradicionales mientras tomamos una participación activa en otros asuntos como la política, la ciencia, las artes y el comercio.

El futuro reposa en las mujeres porque hay dentro de nosotras la sensibilidad y el equilibrio para ver lo importante de la vida, sin ese orgullo ciego del hombre que nos ha conducido al precipicio de la destrucción completa de naciones.

PREGUNTAS

1. ¿Es realmente la mujer superior al hombre? ¿Por qué?
2. En su opinión, ¿en qué actividades de la vida es la mujer superior al hombre?
3. ¿Cree usted que si el mundo hubiera estado dirigido en su mayoría por las mujeres, viviríamos en un mundo mejor?
4. En el reino animal, ¿quién tiene un papel más preponderante: el macho o la hembra? Explíquese.
5. ¿Por qué, en general, viven más las mujeres que los hombres?

V·O·C·A·B·U·L·A·R·I·O

aguantar tolerar, sufrir *(No te aguanto (I can't stand you)) (físico tambien)*

añadir adicionar, sumar

atrevido audaz, aventurero, *osado / vb osar*

campo todo lo que está comprendido en cierta actividad

ciego que no ve

complacer(se) dar gusto *a alguien*

costilla cada uno de los huesos que van de la columna vertebral al esternón

cumplir ejecutar una obligación *con sus deberes*

dar a luz parir, dar nacimiento a un niño

desempeñar cumplir con una obligación *, desempeñar un papel*

desmayarse perder el sentido

dolor sensación aguda y molesta

empujar hacer fuerza contra una cosa para moverla

enfadarse molestarse, disgustarse

equilibrio estabilidad

estorbar poner obstáculo a algo *(s) estorbo — persona o cosa*

flaqueza falta de vigor, fragilidad *le falta*

gastar consumir

hembra persona o animal del sexo femenino

labios bordes de la boca *(rim)*

llorar derramar lágrimas

molestar causar mortificación, dificultad *demasiado fuerte / en ingles es más grave*

morder cortar con los dientes *(s) mordisco*

orgullo arrogancia, vanidad *"demasiado orgullo en sí mismo"*

padecer sentir pena o daño

papel *(fig.)* carácter o representación con que se interviene en los asuntos de la vida.

peligro riesgo inminente

pelo cabello, filamento que nace en la cabeza *cabello del cuerpo — vello*

pequeño *(fig.)* niño

poseer tener uno en su poder una cosa

precipicio *(fig.)* ruina espiritual *el uso es extraño*

semejante similar

soñar *(fig.)* anhelar persistentemente una cosa *cosa cuando se duerme*

sudor *(fig.)* esfuerzo extraordinario para lograr u obtener algo *, preocupación*

temprano antes del tiempo regular u oportuno

tolerar sufrir, llevar con paciencia

varón persona del sexo masculino

vestido ropa con que las mujeres se cubren el cuerpo

REPASO GRAMATICAL

1. El pretérito indefinido y el pretérito imperfecto en el modo indicativo

En la lengua española existen dos tiempos pasados simples en el modo indicativo: el pretérito indefinido y el pretérito imperfecto, más conocidos con los nombres de *pretérito* e *imperfecto*, respectivamente.

El pretérito expresa, en general, una acción pasada que se considera terminada y completa; mientras que el imperfecto indica una acción pasada, con un sentido de continuidad.

La gran mayoría de los verbos españoles son regulares en el tiempo pretérito del indicativo. Examinemos, como ejemplos, estos tres verbos:

	trabajar	**comer**	**vivir**
yo	trabaj**é**	com**í**	viv**í**
tú	trabaj**aste**	com**iste**	viv**iste**
usted/él/ella	trabaj**ó**	com**ió**	viv**ió**
nosotros/as	trabaj**amos**	com**imos**	viv**imos**
vosotros/as	trabaj**asteis**	com**isteis**	viv**isteis**
ustedes/ellos/ellas	trabaj**aron**	com**ieron**	viv**ieron**

Como puede observarse, las terminaciones para los verbos **-ar** son: **-é, -aste, -ó, -amos, -asteis** y **-aron**: y para los verbos **-er** e **-ir** son: **-í, -iste, -ió, -imos, -isteis** y **-ieron**.

Menos fácil es recordar los verbos que son irregulares en el pretérito. En general, estos verbos irregulares tienen terminaciones similares a las de los verbos regulares; la irregularidad se presenta principalmente en la raíz. Las terminaciones para esta clase de verbos son: **-e, -iste, -o, -imos, -isteis** y **-ieron**.

Una vez conocida la raíz de cada uno de estos verbos en el pretérito, se le agregan las terminaciones indicadas. He aquí tres ejemplos:

andar	**caber**	**conducir**
anduve	**cupe**	**conduje**
anduviste	cupiste	condujiste
anduvo	cupo	condujo
anduvimos	cupimos	condujimos
anduvisteis	cupisteis	condujisteis
anduvieron	cupieron	condujeron*

---

*Cuando la última consonante de la raíz de estos verbos es **j**, como en el caso de **conducir**, cuya raíz es **conduj**, la terminación para la tercera persona del plural es **eron** en vez de **ieron**.

Hay tres verbos irregulares en el pretérito del indicativo que no siguen este patrón. Son los verbos **ser**, **ir** y **dar**. Es necesario aprenderlos de memoria.

ser	ir	dar
fui	fui	di
fuiste	fuiste	diste
fue	fue	dio
fuimos	fuimos	dimos
fuisteis	fuisteis	disteis
fueron	fueron	dieron

Vemos que los verbos **ser** e **ir** tienen la misma forma en el pretérito del indicativo. El contexto particular de cada uno evita toda duda o ambigüedad.

También debemos recordar que los verbos de terminación **-ir**, que sufren cambio en su raíz en el tiempo presente del indicativo, como por ejemplo, **pedir**, **morir** y **seguir**, en el pretérito este cambio sólo se produce en la tercera persona, singular y plural. En cuanto a sus terminaciones estos verbos son regulares.

pedir	morir	seguir
pedí	morí	seguí
pediste	moriste	seguiste
pidió	murió	siguió
pedimos	morimos	seguimos
pedisteis	moristeis	seguisteis
pidieron	murieron	siguieron

Otros verbos de la misma categoría son: **advertir**, **concebir**, **consentir**, **convertir**, **divertir**, **dormir**, **impedir**, **mentir**, **repetir**, **sentir** y **servir**.

Entre los verbos más comunes en el pretérito del indicativo que presentan irregularidades en la raíz se encuentran:

Verbo	Raíz (pretérito)	Conjugación
andar	anduv	anduve, anduviste, anduvo, etc.
caber	cup	cupe, cupiste, cupo, etc.
conducir	conduj	conduje, condujiste, condujo, -imos, -isteis, -eron
decir	dij	dije, dijiste, dijo, -imos, -isteis, -eron
deducir	deduj	deduje, dedujiste, dedujo, -imos, -isteis, -eron
detener	detuv	detuve, detuviste, detuvo, etc.
estar	estuv	estuve, estuviste, estuvo, etc.

hacer,	hic	hice, hiciste, hizo*, -imos, -isteis, -ieron
intervenir	interven	intervine, interviniste, intervino, etc.
inducir	induj	induje, indujiste, indujo, -imos, -isteis, -eron
intervenir	intervin	intervine, interviniste, intervino, etc.
introducir	introduj	introduje, introdujiste, introdujo, -imos, -isteis, -eron
poder	pud	pude, pudiste, pudo, etc.
poner	pus	puse, pusiste, puso, etc.
producir	produj	produje, produjiste, produjo, -imos, isteis, -eron
querer	quis	quise, quisiste, quiso, etc.
reducir	reduj	reduje, redujiste, redujo, -imos, -isteis, -eron
saber	sup	supe, supiste, supo, etc.
tener	tuv	tuve, tuviste, tuvo, etc.
traducir	traduj	traduje, tradujiste, tradujo, -imos, -isteis, -eron
traer	traj	traje, trajiste, trajo, -imos, -isteis, -eron
venir	vin	vine, viniste, vino, etc.

2. El imperfecto del indicativo

La forma del imperfecto del indicativo no presenta dificultad, ya que todos son regulares, con la excepción de sólo tres verbos: **ser**, **ir** y **ver**. He aquí sus formas en el imperfecto:

ser	ir	ver
era	iba	veía
eras	ibas	veías
era	iba	veía
éramos	íbamos	veíamos
erais	ibais	veíais
eran	iban	veían

Para los demás verbos, he aquí sus formas:

amar	comer	dormir
amaba	comía	dormía
amabas	comías	dormías

---

*Cambia la **c** en **z**, a fin de mantener al sonido suave de la **c** antes de **o**.

amaba	comía	dormía
amábamos	comíamos	dormíamos
amabais	comíais	dormíais
amaban	comían	dormían

Obsérvese que las terminaciones para los verbos **-ar** son: **-aba, -abas, -aba, -ábamos, -abais** y **-aban**. Para los verbos **-er** e **-ir**, las terminaciones son: **ía, -ías, -ía, -íamos, -íais** y **-ían**.

EJERCICIOS

A. Cambie al pretérito del indicativo las siguientes oraciones:

1. Todos **estamos** de acuerdo en la necesidad de los dos sexos. **2.** Desde que **somos** chicos existe la batalla de los sexos. **3.** La atracción sexual **es** tan fuerte que no **puede** controlarse. **4.** El hombre no **gasta** su tiempo en cosas sin importancia. **5.** Los hombres **conducen** las cosas mejor que las mujeres. **6.** Nosotros **decimos** que el sexo fuerte **es** la mujer. **7.** Las mujeres **producen** más valores morales que los hombres. **8.** Nuestras madres **ven** que sus hijos **crecen** sin problemas. **9.** El complejo de inferioridad se **traduce** en las agresivas declaraciones de superioridad. **10.** Muchos hombres **mueren** en la guerra por la estupidez de los gobernantes.

B. Cambie al imperfecto las oraciones de la letra A.

C. Conteste las siguientes preguntas con oraciones completas:

1. ¿Quién fue más inteligente en la escuela, tú o tu hermano? **2.** ¿Tuvo usted muchos problemas en la escuela elemental? **3.** ¿Fue usted a la conferencia de padres y maestros? **4.** ¿Cómo murió Juana de Arco? **5.** ¿Se pusieron de acuerdo ustedes sobre la superioridad del hombre? **6.** ¿Pudiste intervenir en la discusión sobre la batalla de los sexos? **7.** ¿Fueron ustedes a una escuela pública o privada? **8.** ¿Fueron dos hombres que asesinaron a John F. Kennedy? **9.** ¿Ayudaste mucho a tu mamá cuando eras niña? **10.** ¿Escribiste una carta en español a tu amigo mexicano? **11.** ¿Dijimos nosotros que la mujer sufre más que los hombres? **12.** ¿Tradujiste la composición del inglés al español? **13.** ¿Quiénes ganaron más medallas en las Olimpiadas, las mujeres o los hombres? **14.** ¿Dormías mucho cuando eras pequeño? **15.** ¿Estuviste alguna vez en Washington D.C. para discutir sobre la igualdad de los sexos?

La música

CAPITULO 2

¿Qué es la música?

Podríamos afirmar que la música es el lenguaje universal de la humanidad. No importa si tú eres estadounidense, español, alemán, japonés o de cualquier otra nacionalidad. Cuando escuchas una pieza u obra musical podrás gozarla e interpretarla, porque a través de ella serás capaz de experimentar las emociones y los sentimientos más disímiles: alegría, tristeza, amor, odio, miedo, ansiedad, valor, nostalgia. . . .

La música nos puede traer toda clase de recuerdos. Con frecuencia enlazamos o relacionamos los grandes o importantes momentos de nuestra vida con alguna pieza o trozo musical. Una canción, una melodía, nos trae tal o cual recuerdo. A todos nos gusta la música. No creemos que exista una sola persona que diga que no le agrada la música, ya sea de una clase o de otra.

Los instrumentos musicales son los que nos proporcionan el deleite y el gozo de escuchar música. Afortunadamente, la naturaleza nos dotó de la voz, con la cual también podemos producir música. Es la voz humana el instrumento musical más natural.

Hablando de instrumentos musicales, podemos dividirlos en tres grandes clases: de cuerdas, de aire y de percusión. Entre los de cuerdas podemos nombrar la guitarra, el violín, el arpa, el piano y el ukelele. De los instrumentos de aire los más populares son el cornetín, la trompeta, la flauta, el trombón y el saxofón. Y entre los de percusión son muy conocidos el tambor, los platillos, la marimba, las castañuelas y la pandereta.

Las siete notas de la escala musical se conocen en español con los nombres de: Do, Re, Mi, Fa, Sol, La, Si. ¿Sabes tú tocar algún instrumento musical? ¿Te gusta cantar? ¿Producir con tu voz melodías musicales?

PREGUNTAS

1. ¿Por qué se dice que la música es un "lenguaje"? ¿Qué idea tienes de la música?
2. ¿Te gusta la música de otras naciones y culturas? ¿Cuál es tu favorita?
3. ¿Qué instrumento musical te gusta más, y por qué?
4. ¿Sabes tocar algún instrumento musical? ¿Cuál?
5. Si tú cantas en el baño, ¿por qué lo haces?
6. ¿Crees que la técnica y la teoría de la música es difícil de entender?

La música "rock"

Acabo de asistir a un concierto de los *Rolling Stones*, y te digo a tí, amigo, que fue una experiencia indescriptible. Más de diez mil almas nos reunimos en aquel auditorium presenciando algo más que unas cuantas horas de música. Fue una extraordinaria experiencia que lo elevó a uno fuera de sí, compartiendo con los músicos y los otros en la audiencia un sentido de profunda emoción y felicidad.

Con sus guitarras y cantos los *Rolling Stones* expresaron lo que sentían en el alma, lo que nosotros sentíamos allí sentados, escuchando, porque era como si ellos estuvieran diciendo precisamente lo que queríamos decir: que nosotros somos la nueva generación que quiere cambiar todo lo malo que se ha considerado normal por no sé cuantas generaciones: guerra, odio, explotación, pobreza, falta de libertad.

A los que me dicen que la nueva música no es más que un ruido ensordecedor les diría que no la entienden ni nos entienden a nosotros los jóvenes. No ven que esta música es más que un pasatiempo, es más bien una expresión de nuestros deseos de mejorar las cosas. No siguiendo las formas aceptadas por la música tradicional, decimos, en efecto, que no queremos seguir las normas ya gastadas de nuestros mayores; queremos más, mucho más.

Pero además de este carácter profundo, la música "rock" de hoy tiene un rasgo muy humano. En los discos de cantantes de esta extraordinaria música oímos de la alegría y la tristeza, del odio y el amor, de lo gentil y lo brutal, de lo trágico y lo cómico. Pero . . . ¿no es la vida así? ¿No abarca todo esto? Pues éste es otro de los grandes objetivos de la música de hoy: le decimos cómo es la vida, para que vivamos más y gocemos más de lo que hay. Pero basta de palabras, experimentémosla, pongamos unos discos y verás lo que mis pobres palabras no han podido explicarte.

PREGUNTAS

1. ¿Has ido a un concierto recientemente? ¿De qué tipo era: rock, sinfónico?
2. ¿Cuál fue tu reacción a la música que oíste?
3. ¿Crees que la música "rock" de hoy es más profunda o significativa que la música popular de antes como la "rock and roll"?
4. ¿Es fácil entender la letra de las canciones "rock" de hoy? ¿Cómo la interpretas?
5. ¿Cuál es tu conjunto o artista favorito de la música "rock"?

La música sinfónica

Refinamiento, gracia, perfección de forma, expresión del genio. Estas son las marcas de la gran música sinfónica. Tenemos que admirar y apreciar las grandes sinfonías de Beethoven, de Mahler, de Tchaikovsky, de Wagner. Primero, por su belleza, y segundo, por su genio. ¡Qué sensación oír la delicadeza, la fuerza, la complejidad, la sencillez, la alegría, y la tristeza de las composiciones sinfónicas. Todos los extremos emocionales aparecen en ellas, los frutos de unos de los genios más productivos y fértiles del mundo.

La persona culta tiene que gozar de la prodigiosidad de estos compositores, porque se da cuenta de que en estas piezas escucha la cumbre de este gran arte de producir música.

Por el oído podemos apreciar las obras maestras musicales, imaginándonos las horas incontables de trabajo furioso e incansable que dedicaron los maestros a su labor, no contentándose con lo mediocre, sino con lo más perfecto. Esto, como bien sabemos, manda que el artista se dedique completamente a su arte, que lo sepa y lo conozca bien y, por fin, que se sacrifique por él.

Los compositores son perfeccionistas, y sus obras reflejan su ansia por la perfección. ¿Que esta música es fría, dicen? ¡Cómo puede ser fría si hablamos de una total dedicación a un arte! La pasión de estos hombres se nos transmite en su música prodigiosa, a través de ese ardor y ese arrebato que pusieron en ella. Tal vez, para aquéllos que carecen de un espíritu sensitivo y agudo pudiera ser fría la música clásica sinfónica, pero es indudable que para ellos no se escribieron las maravillosas obras musicales, productos del genio de un Beethoven o un Wagner.

PREGUNTAS

1. ¿Crees que la música sinfónica es superior a las otras formas?
2. ¿Por qué tú crees que, en general, se considera que la música sinfónica tiene más valor estético que la popular?
3. ¿Quién es el compositor que te gusta más? ¿Cuál es tu sinfonía favorita?
4. ¿Es necesario saber algo de la teoría de la música para gozar de la musica clásica?
5. ¿Piensas que a la música clásica le falta emoción?
6. Se dice que los grandes compositores han sido genios de la música. ¿Crees que es mejor decir que ellos se sacrificaron por su arte, o que se dedicaron a él?

V·O·C·A·B·U·L·A·R·I·O

abarcar contener
agradar gustar, complacer
ansia deseo fuerte
ardiente que arde, fervoroso, eficaz
ardor (el) calor grande, valentía, ansia, aplicactión
arrebatador violento, furioso
arrebato furor, éxtasis
a través de por medio de, por
castañuelas (véase vocabulario español-inglés)
conjunto musical grupo o banda de músicos
contentarse satisfacerse
cuerda hilo fino que se usa en instrumentos

como la guitarra y el violín
culto que tiene cultura
cumbre (la) pico, cima o parte más alta de una montaña
deleite (el) placer
disímil diferente
dotar dar a uno la naturaleza cierta cualidad
enlazar coger, unir
experimentar probar, examinar
explotación obtener, sacar, extraer lo bueno de una cosa
gastar consumir
genio el que tiene facilidad para crear o inventar
gozar sentir placer o gusto

gozo placer, gusto, acción de gustar

incansable incapaz de cansarse, que no se cansa

incontable que no puede contarse

letra conjunto de palabras que constituyen la canción

odio lo opuesto de amor; aversión

pandereta (véase vocabulario español-inglés)

pasatiempo entretenimiento, diversión

pieza musical composición musical; canción

platillos (véase vocabulario español-inglés)

presenciar estar presente y ver un evento o hecho

prodigioso sobrenatural, maravilloso, extraordinario

proporcionar dar; poner a disposición de uno alguna cosa

rasgo característica, indicación

relacionar hacer relación

ruido sonido inarticulado y confuso

sencillez (la) simplicidad

trozo musical parte, porción de una pieza musical

unas cuantas algunas, unas pocas

REPASO GRAMATICAL

3. El subjuntivo en expresiones de voluntad

El subjuntivo es de uso general en las cláusulas subordinadas que van precedidas por verbos de voluntad y que expresan un mandato u orden implícito o indirecto. Entre los verbos de voluntad más comunes en estos casos se encuentran: **querer**, **desear**, **insistir**, **demandar**, **esperar**, **exigir**, **mandar**, **ordenar**, **pedir**, **preferir**, **ansiar**, **empeñarse**, etc.

Tu padre **quiere** que **aprendas** música.

Deseo que **oigas** a Beethoven.

Insistimos en que María **toque** el violín.

El director **demandó** que **practicáramos** esa pieza.

Todos **esperaban** que **hubiéramos** venido al concierto.

Sin embargo, después de algunos de estos verbos, como **mandar**, **dejar**, **permitir**, **prohibir**, **impedir** y **ordenar**, se puede también usar el infinitivo.

El director me **ordenó prestar** atención. (que prestara)

Tu esposa te **prohibió tocar** el piano. (que tocaras)

Nos han **permitido ir** al concierto. (que vayamos)

Si no hay cambio de sujeto en la cláusula subordinada, no hay orden o mandato y, por lo tanto, no se emplea el subjuntivo sino el infinitivo.

Quiero tocar el saxofón.

Preferimos escuchar la música "rock".

La expresión **ojalá**, una forma de voluntad muy común en el hablar diario, expresa el deseo, la ansia, o la aspiración de quien la emplea. Se puede usar con la conjunción **que** o sin ella, y siempre va seguida de una cláusula con verbo en el subjuntivo.

Ojalá (que) él **hubiera** practicado más.

Ojalá (que) tengamos tiempo para ir al concierto.

EJERCICIOS

A. *Combine las siguientes ideas, de manera que se forme una oración en la que aparezca una cláusula de voluntad seguida de una subordinada:*

Modelo: Vamos al concierto—Mi padre quiere.
   Mi padre quiere que vayamos al concierto.

1. Toqué el saxofón—El maestro me pidió.   2. Ellos estudian música—La escuela exige.   3. Gozamos del concierto—Los músicos esperan.   4. Oyes música latina—Prefiero.   5. Los compositores son perfeccionistas—El público insiste en.   6. El artista se dedica a su arte—Todos queremos.   7. Beethoven se sacrificó por sus sinfonías—Los empresarios demandaban.   8. El pianista conocía bien la melodía—Deseábamos.   9. La sinfonía resultó un éxito—El compositor ansiaba.   10. La banda tocó como nunca—El director se empeñó en.

B. *Conteste las siguientes preguntas, usando como clave la idea dada en paréntesis:*

Modelo: ¿Por qué estudias música? (Mis padres exigen.)
   Porque mis padres exigen que estudie música.

1. ¿Por qué no vas al concierto? (Mi novia no quiere.)   2. ¿Por qué tocas la guitarra? (El profesor se empeña en.)   3. ¿Por qué practicas el cornetín? (El contrato exige.)   4. ¿Por qué tienen los músicos un oído muy sensitivo? (La música demanda.)   5. ¿Por qué repitió el pianista la pieza musical? (El público pidió.)

C. *Combine las ideas siguientes de manera que se forme una oración en la que aparezca la cláusula de voluntad seguida de otra subordinada, que puede ser con verbo en el infinitivo o en el subjuntivo (exprese las dos formas):*

Modelo: Tocar las marimbas—Todos me prohiben.
　　　　Todos me prohiben tocar las marimbas. (o)
　　　　Todos me prohiben que toque las marimbas.

1. Asistir al festival de música—Mis ocupaciones no me dejan. **2.** Dar el concierto de "rock"—La policía les prohibió. **3.** No tocar más música popular—El profesor te ordenó. **4.** Dedicarte por entero a ella—El estudio de la música exige. **5.** Expresar nuestras emociones—La música nos permite.

D. *Cambie las siguientes oraciones, usando la expresión* **ojalá** *a fin de indicar deseo, ansia, aspiración:*

Modelo: El guitarrista toca otra vez.
　　　　Ojalá que el guitarrista toque otra vez.

1. Ese cantante triunfa. **2.** El público canta con los músicos. **3.** Te gusta la música "rock". **4.** Puedes ir al concierto. **5.** No cuesta mucho el piano. **6.** Va mucho público a los conciertos. **7.** Los músicos repiten esa pieza. **8.** Mercedes Sosa canta mañana. **9.** No suspenden el concierto. **10.** No llueve esta noche.

El matrimonio

CAPITULO 3

A casarse tocan

El estado perfecto del género humano es el de casado. ¿Debo, pues, casarme? ¿Cuál es la mejor edad para contraer matrimonio? ¿Cuando se es joven, o cuando uno ya ha madurado y obtenido experiencia de la vida?

Alguien dice que es mejor casarse joven, cuando uno está lleno de vigor, de salud, de energías, de ilusiones, de esperanzas, de ambiciones, porque así todo será más fácil, y hombre y mujer crearán una nueva familia, con hijos fuertes y sanos.

Otros dicen que no se casarán hasta que no cumplan los treinta años, pues antes quieren gozar y disfrutar de la vida, de los mejores años de la

17

depender de

juventud. Ellos dicen: divirtámonos, bailemos, cantemos, riamos, despre-
ocupémonos de las cosas serias; después, cuando nos sintamos un poco
cansados y ya hayamos adquirido cierta experiencia, entonces, nos
casaremos.

No hay dudas que existen ventajas y desventajas en esto de casarse
joven o casarse más maduro. Todos estamos de acuerdo en que el matrimonio es una cosa seria, y que debemos meditar y pensar los pro y los
contras y, en definitiva, decidir cuál es el momento más oportuno para
llevar a cabo este acto que, seguramente, habrá de cambiar por completo
nuestras vidas.

De lo que sí estamos seguros es que, tarde o temprano, debemos
unirnos en lazo matrimonial. De una manera formal y responsable
necesitamos iniciar la creación de una familia que, a fin de cuentas, es el
fundamento de la convivencia entre los seres humanos, y que trae consigo
la creación de una sociedad y de una nacionalidad.

PREGUNTAS

1. ¿Piensas casarte joven o cuando hayas adquirido cierta madurez?
2. ¿Por qué se dice que el estado de casado es el perfecto del género humano?
3. Si eres casado, ¿a qué edad te casaste? ¿Qué opinas del matrimonio?
4. A los que no se han casado, ¿cuál es tu opinión del matrimonio?
5. ¿Por qué es el matrimonio una cosa seria?

¿Casarme yo?

"¡Pa' su escopeta! ¿Casarme yo? ¿Y usted, que dice? ¡Que no, señor!" Así
canta un estribillo de una canción popular de hace ya muchos años.

No, de ninguna manera, bajo ninguna circunstancia, contraigo matrimonio. No quiero estar atado a un contrato legal que va a limitar en alto
grado mi libertad e independencia. Quiero ser libre como el águila que
remonta el vuelo y asciende alto, hasta las más elevadas cumbres, siempre
libre, libre, libre.

Esto no quiere decir que no amaré a una persona del sexo opuesto.
Viviré con ella mientras estemos de acuerdo con las condiciones básicas y
elementales necesarias para la convivencia humana. El día que por cualquier motivo o circunstancia dejemos de amarnos o discrepemos en algún
aspecto fundamental, en ese mismo instante rompemos la unión, y cada
cual por su lado. Ni yo le debo a ella, ni ella me debe a mí. Cada cual que
seleccione el camino o la ruta que más le convenga o le guste. No tendré
hijos, a fin de cuentas son un obstáculo para el bien vivir. Naturalmente,
he de lograr una buena educación, y seré un profesional, tal vez médico,
ingeniero o abogado. Una posición económica desahogada es necesaria
para vivir la vida a plenitud y, claro está, cuidaré mi cuerpo y mi salud

porque sin ella no es posible gozar de los placeres y aventuras que ofrece la vida.

Sé que llegarán los años de la vejez y con ella las limitaciones en mis actividades, pero esto no me preocupa, ahora soy joven y el mundo es mío, y como el Don Juan de Tirso de Molina, digo: "¡Qué largo me lo fiáis!"

PREGUNTAS

1. ¿Qué opinas del amor libre? ¿Lo practicas, o no? Explica tu respuesta.
2. ¿Qué consecuencias traería para una sociedad si todos sus miembros practicaran el amor libre?
3. ¿Qué responsabilidades trae consigo el contrato de matrimonio?
4. ¿Qué significa o quiere decir la frase ¡Qué largo me lo fiáis!? ¿Quién es Don Juan?
5. ¿Quieres pedirle a tu profesor que te hable de la canción "¡Pa' su escopeta! ¿Casarme yo?"

El divorcio

A través del divorcio se rompe el vínculo matrimonial que une a un hombre y a una mujer. Esa unión de hombre y mujer, el matrimonio, es la base o el fundamento de la familia, y a su vez es la familia el cimiento sobre la que descansa la sociedad. El divorcio es, entonces, un valor negativo dentro de la sociedad humana, puesto que tiende a destruir algo muy esencial para ella.

Sin embargo, la mayoría de las legislaciones del mundo entero han aceptado el divorcio como un mal menor, para evitar males mayores. Si el matrimonio, y consecuentemente la familia, no logra los objetivos que le son sustanciales y, por el contrario, es fuente de discordia, de infidelidad, de sufrimientos, de malos ejemplos, es preferible la disolución de lo que en realidad no cumple su cometido.

Es evidente que el divorcio es un valor negativo dentro de la sociedad, aunque quizá necesario. Debe ser usado con mucho tacto y en los casos extremos, cuando no exista otra solución al conflicto. De ahí que en los países o lugares donde existe esta institución jurídica, salvo algunas excepciones, se restrinjan su uso y aplicación. Muchos hay que se oponen abiertamente al divorcio, y algunas religiones no lo aceptan.

Nada hemos dicho de las consecuencias que el divorcio trae cuando existen hijos en el matrimonio, de la situación a veces desventajada en la que queda la mujer divorciada, de los efectos psicológicos que a todos los miembros de la familia—hombre, mujer, e hijos—produce. Es importante meditar y discutir sobre este tema tan sensitivo.

Sensible = sensitive

Sensato = sensible

PREGUNTAS

1. Aunque sea de valor negativo, ¿es necesario el divorcio? Explique su criterio.
2. ¿Por qué se divorcian tantas personas en los Estados Unidos?
3. La religión católica prohibe el divorcio. ¿Qué opina usted de ello?
4. ¿Para quién es el divorcio peor: el hombre, la mujer, o los hijos?
5. Si usted fuera divorciado, ¿volvería a casarse? Explique su respuesta.
6. ¿Es un nuevo matrimonio de uno o ambos padres un problema difícil para la familia?
7. Si uno de sus padres se casara después del divorcio, ¿preferiría irse a vivir con el otro?

[handwritten: tender a infinitivo]

[handwritten: timo = ripoff]
[handwritten: tirar = to shoot   10 palabras]
[handwritten: vencer = to expire]

V·O·C·A·B·U·L·A·R·I·O

[handwritten: derrocar = to take away poder.]
[handwritten: desahogarse = doesn't have problems]

abogado persona que practica la profesión de las leyes *[handwritten: la carrera Derecho = Law]*

a casarse tocan haber llegado el momento de casarse *[handwritten: llegar el torno / a casarse bailar]*

adquirir (ie) ganar, obtener

a fin de cuentas expresión para introducir una declaración

afrontar hacer frente a algo *[handwritten: enfrentarse con] [no para personas]*

atar unir con lazos fuertes *[handwritten: ropes]*

bodas ceremonias nupciales

camino lugar por donde se transita

cimiento base, fundamento

contraer adquirir u obtener algo, comprometerse a hacer algo *[handwritten: el matrimonio = casarse] [obligación enfermidad]*

convenir ser de un mismo parecer u opinión *[handwritten: Convenir + CI = venir bien a alguien]*

cumplir ejecutar una obligación

cumplir los X años llegar a tal edad

deber obligación

desahogado tener más de lo necesario para vivir *[handwritten: ahogarse = drown con]*

despreocuparse libre de preocupación

discordia oposición de criterios, sin armonía

discrepancia diferencia, desigualdad

disfrutar gozar de las utilidades de alguna cosa

divertirse entretenerse, recrearse *[handwritten: disfrutarse, pasarlo bien.]*

escopeta arma de fuego similar al fusil o rifle

fiar vender a crédito

gozar experimentar placer, alegría *[handwritten: confiarse, fiarse] [divertirse]*

lazo unión, vínculo *[handwritten: bond]*

líos problemas

lograr obtener, conseguir

llevar a cabo hacer o terminar algo

pa' apócope de la preposición para *[handwritten: forma corta "para"]*

¡pa' su escopeta! exclamación popular que indica no convenir con lo dicho

[handwritten left margin: llevar a cabo / planes.]

Don Juan = mujeriego

pesar *(fig.)* evaluar las circunstancias de una cosa o situación

to weigh

¡qué largo me lo fiáis! expresión exclamativa con que se muestra despreocupación de que llegue algo anunciado porque todavía está muy lejos

remontar elevar mucho el vuelo *, para avion, cometas, pajaros.*

restringir limitar, reducir

romper dividir una cosa, destruir total o parcialmente algo

tacto habilidad para conducir un asunto

físico = touch

tender impulso o inclinación a moverse en cierta dirección. *han defendido como (subsuntivo) tender la ropa para secar.*

tocar hacer sonar un instrumento musical

vejez cualidad de tener muchos años, etapa final de la vida

volar moverse por el aire

vuelo acción de volar

REPASO GRAMATICAL

4. La edad

Para expresar la edad en algunas cláusulas subordinadas, además de la forma **tener + el número de años,** se puede usar también la forma **a los + el número de años.** Esta última forma simplifica la oración y evita el uso del subjuntivo en los casos en que es necesario utilizar este modo verbal.

Se casará en cuanto tenga treinta años.

Se casará **a los treinta años.**

Se divorció cuando tenía cuarenta y cinco años.

Se divorció **a los cuarenta y cinco** (años).

EJERCICIO

Cambie las siguientes oraciones, usando la forma indicada en los ejemplos anteriores:

1. Contraerá matrimonio cuando cumpla 25 años. **2.** Tuvo su primer hijo cuando tenía 20 años. **3.** Se divorció cuando tenía 50 años. **4.** Celebrará sus bodas de plata cuando llegue a los 55 años. **5.** Tuvo su primer amor cuando tenía 15 años. **6.** Va a retirarse tan pronto que tenga 65 años. **7.** Volvió a tener un hijo cuando tenía 50 años. **8.** Se separó de su esposo cuando tenía 60 años. **9.** Salió del estado de soltero cuando cumplió 23 años. **10.** Se divirtió mucho hasta que tenía 40 años.

5. El uso del subjuntivo en los mandatos colectivos

Para dar una orden o sugerir una acción en la que se incluye la persona que la da, se usa la forma del presente de subjuntivo en la primera persona plural (nosotros). También puede usarse la forma **vamos a + el infinitivo**.

Levantémonos	=	Vamos a levantarnos
Comamos	=	Vamos a comer
Hablemos	=	Vamos a hablar
Subamos	=	Vamos a subir
Hagámoslo	=	Vamos a hacerlo
Llamémoslos	=	Vamos a llamarlos

Recuérdese que: (a) cuando haya necesidad de usar pronombres objetos, se unirán a la forma verbal si el mandato es afirmativo; (b) en los mandatos negativos, dichos pronombres objetos se antepondrán al verbo; y (c) en los casos en que el verbo sea reflexivo, se omitirá la **s** final del verbo si el mandato es afirmativo; no así si es negativo.

Afirmativo	Negativo
Practiquémoslo	No lo practiquemos
Amémosla	No la amemos
Divorciémonos	No nos divorciemos

EJERCICIOS

A. Cambie a la forma del subjuntivo:

1. Vamos a contraer matrimonio. 2. Vamos a afrontar los líos. 3. Vamos a disfrutar de la vida. 4. Vamos a adquirir una educación. 5. Vamos a remontar el vuelo. 6. Vamos a separarnos. 7. Vamos a gozar del buen tiempo. 8. Vamos a crear una familia con hijos fuertes y sanos. 9. Vamos a iniciarlo. 10. Vamos a empezarla.

B. Cambie a la forma negativa los siguientes mandatos:

1. Hablémosle en español. 2. Divorciémonos sin mutuo acuerdo. 3. Examinémoslo brevemente. 4. Hagámoslo el próximo año. 5. Casémonos este mes. 6. Afrontemos las consecuencias. 7. Contraigámosla con valor. 8. Cumplamos la decisión del abogado. 9. Reconozcamos nuestros errores. 10. Expliquémosle lo que sabemos.

6. El subjuntivo en cláusulas subordinadas con conjunciones adverbiales de tiempo

El uso del subjuntivo es necesario en las cláusulas subordinadas, después de conjunciones adverbiales de tiempo, en los casos en que la acción expresada en dicha cláusula subordinada es de futuro o indeterminada en relación con la expresada en la cláusula principal.

Remontaré el vuelo **tan pronto como aprenda** a volar.

Le daré el dinero **cuando** lo **vea**.

Le hablaré **así que** me **devuelva** mi libertad.

No puedo hacer nada **mientras** ella **niegue** su culpabilidad.

Nos darán el divorcio **después de que firmemos**.

Lo tendrás **antes de que** lo **necesites**.

EJERCICIO ──

Complete las siguientes oraciones empleando la frase verbal en paréntesis, haciendo uso del modo subjuntivo:

Modelo: No me caso hasta que . . . (cumplir los treinta años)
No me caso hasta que **cumpla** los treinta años

1. No me caso mientras no . . . (gozar de la vida). **2.** Me casaré así que . . . (disfrutar de todo). **3.** No tendremos hijos hasta que . . . (haberse divertido). **4.** Me divorciaré así que . . . (sentirse cansado). **5.** Contraeré matrimonio cuando . . . (encontrar la mujer ideal). **6.** No llegas a la plenitud mientras no . . . (contraer matrimonio). **7.** Perfeccionarás tu matrimonio así que . . . (tener hijos). **8.** Te aconsejo que te cases cuando . . . (terminar tu educación). **9.** Debes separarte de tu esposo tan pronto como . . . (saber que te es infiel). **10.** No llegarás a ser un Don Juan mientras no . . . (burlarse de una mujer).

Perspectiva optimista

Un estudiante de una universidad del sureste de los Estados Unidos acaba de terminar su última clase del día, y se apresta a pasar sus vacaciones de Semana Santa con sus padres, que viven en una ciudad de la costa del Pacífico. Sale para el aeropuerto local más cercano, y allí aborda un pequeño avión-cohete, de propulsión atómica, piloteado por control remoto, con capacidad para quinientos pasajeros, y que media hora más tarde aterrizará en una de las varias estaciones de la ciudad a donde se dirige. Partió de Miami, Florida, a las 4:00 P.M., y ha arribado a San Diego, California a la 1:30 de esa misma tarde. Maravilloso, ¿no? Pues esto no es nada. Viajar a cualquier parte del planeta Tierra no tomará más de una hora. Un viaje de más preparación será ir a Marte o a Venus, donde el hombre ha establecido colonias y comenzado a poblar estos planetas, que carecen de seres vivientes con raciocinio humano.

En nuestro planeta existe ahora una Confederación de Estados Mundiales, con un gobierno central en la ciudad de Nueva York, compuesto por representantes de las cinco Federaciones que integran la tierra: América, Europa, Asia, Africa y Australia.

El fantasma de la guerra ha desaparecido. Reina la paz entre la humanidad. No hay más narcotráfico, pues a través de una campaña en todo el mundo el hombre se convenció de lo fatal que era su consumisión. Al no existir el drogadicto, ¿a quién se le iba a vender la droga? ¡Hasta los mismos traficantes la dejaron! Ya hace años que se logró exterminar el monstruo del cáncer, e igualmente el SIDA ya no es un problema, pues se descubrió una vacuna que destruye el virus que ocasionaba esta terrible enfermedad. La vida se ha prolongado hasta los 125 años, como promedio. Se ha descubierto en la luna (que es un cuerpo muerto) una sustancia que ha hecho posible esta prolongación de la vida humana. ¡Paradojas!

La energía nuclear mueve al mundo. La automatización rige casi toda la actividad del hombre. Se trabajan dos días a la semana y se descansan cinco, aparte de tres meses de vacaciones que se disfrutan durante el año. Los barberos desaparecieron, pues ya al hombre apenas le sale pelo en la cabeza y en la cara. Sin embargo, aún no hemos podido librarnos del catarro ni de los poetas.

PREGUNTAS

1. ¿Tienes una idea optimista del futuro? ¿Por qué?
2. ¿Qué nuevos inventos te imaginas?
3. ¿Qué crees de la conquista de otros mundos por el hombre?
4. ¿Esperas que algún día se logre exterminar el cáncer y el SIDA? Explícate.
5. ¿Estimas posible la prolongación de la vida, digamos hasta los 150 años? Razona tu respuesta.
6. ¿Crees en la posibilidad de trabajar solamente dos días a la semana y descansar cinco? ¿Por qué?

Perspectiva pesimista

Todavía podrían encontrarse en las que fueron impenetrables selvas de la Región Amazónica, en pequeñas porciones de la tierra (calcinada) restos aún humeantes de la conflagración que arrazó con la civilización y que casi termina por completo con la especie humana.

Cincuenta años antes, en el 2050, sin que se conozca con certeza cómo se inició, estallaron potentes bombas de hidrógeno en las principales ciudades del mundo: Nueva York, Londres, Moscú, París, Roma, Madrid, Río de Janeiro, Ciudad México, Tokio, Hong Kong, y cientos de ciudades más fueron arrasadas, muriendo todos sus habitantes.

Se produjo una reacción en cadena que envolvió toda la periferia de la tierra, y las radiaciones llegaron a los más apartados rincones del planeta, que se convirtió en una hoguera casi total. Desapareció casi por completo la vida animal y vegetal y, asimismo, el género humano. Y decimos casi por completo porque por designios, misterios, o fuerzas omnipotentes, dos o tres pequeños núcleos de seres humanos lograron sobrevivir este cataclismo, conjuntamente con algunos animales y plantas.

En lugares muy difíciles de llegar, de las altas montañas de los Andes, del Tibet, y de Alaska, un grupo reducido de naturales de esas regiones, que el día trágico se encontraban en sus quehaceres habituales, oyeron y vieron con espanto indescriptible como se elevaban al infinito los gigantescos hongos, y corriendo despavoridos se refugiaron, con sus mujeres y niños, en cuevas y cavernas cercanas. Más de tres días estuvieron agazapados en lo más profundo de estas cuevas, sin ingerir alimento alguno y sin atreverse a salir al exterior. Esto fue lo que los salvó, salvándose así la humanidad.

Hoy, en el 2100, la tierra aún conserva un aspecto desolador, trágico, de muerte casi, aunque ya en algunas regiones del globo comienza a aparecer una rudimentaria vida vegetal, y pequeños animalillos se ven correr, de vez en vez, de una a otra roca, mientras que los hombres sobrevivientes de la catástrofe, e ignorantes inclusive de lo que realmente sucedió, prosiguen su vida rudimentaria y natural, que prácticamente era la que habían conocido siempre.

¿Volverá otra vez el hombre a alcanzar un grado de civilización semejante al que existía antes del cataclismo? Es casi seguro que sí. En los millones de años de vida de la tierra, ¿quién puede asegurar que algo parecido no haya sucedido anteriormente?

PREGUNTAS

1. ¿Tienes una idea pesimista del futuro? ¿Por qué?

2. ¿Qué peligros adviertes en el momento presente y auguras para el futuro?

3. ¿Crees que se termine la civilización y el hombre vuelva a su vida primitiva?

4. ¿Estimas posible que desaparezca la especie humana? Explícate?

5. ¿Podría evitarse la catástrofe? Explica tu razón.

mecedora - rocking chair   cuestas - surveys
escaño (s) - puesto en el gobierno   PESO

izquierdo

derecho

V · O · C · A · B · U · L · A · R · I · O

agazaparse *to shrink* encoger el cuerpo o ponerse detrás de algo para ocultarse *hide itself*

apenas casi no, por poco no

aprestarse hacer lo *prepararse* necesario para iniciar algo

arrasar arruinar, destruir

aterrizar descender a tierra *despegar*

augurar adivinar, pronosticar

calcinar reducir la materia a polvo o ceniza por medio del calor

catarro resfriado, enfermedad común y ligera

componer formar una unidad de partes

conjuntamente unidamente, al mismo tiempo

consumo
consumisión ingerir alguna sustancia como alimentos, bebidas o drogas

designio plan, pensamiento

desolador destruído, devastado, arruinado

despavorido aterrorizado

divisar ver, percibir

embarcar salir de un lugar en un vehículo *desembarcar*

espanto terror, miedo

estallar empezar u ocurrir violentamente *explotar*

hoguera materia combustible que

encendida levanta llama o fuego

hongo (véase vocabulario español-inglés) *mushroom, seta, champiñón*

humeante que arroja humo, forma gaseosa de combustión incompleta

ingerir (ie, i) introducir algo en otra cosa, beber, tomar

integrar componer, formar algo de partes

lograr alcanzar, obtener

paradoja contradicción, dos extremos

periferia circunferencia

poblar (ue) fundar un pueblo o una población

promedio punto medio

quehacer ocupación, deber

raciocinio razonamiento

reacción en cadena una serie de acciones empezada por una

regir (i) mandar, gobernar, dirigir

reinar regir, gobernar un reino

rincón ángulo, el punto donde se encuentran dos paredes

sobrevivir vivir uno después de la muerte de otro u otros

sustancia, substancia jugo o cosa que se extrae de otra materia

viviente que vive, que existe

expresión que in

REPASO GRAMATICAL

7. Uso del subjuntivo con la conjunción SIN QUE

En las cláusulas subordinadas introducidas por la conjunción **sin que** se usa siempre el subjuntivo, ya que indica una acción negativa, es decir, una acción que nunca se lleva a efecto.

Estalló una guerra, **sin que se conozca** cómo se inició.

El joven partió de San Agustin **sin que** su familia lo **supiera**.

Los indios se agazaparon **sin que se atrevieran** a salir.

EJERCICIOS

A. *Forme oraciones combinando las dos ideas que se dan, y uniéndolas a través del uso de la conjunción* **sin que***:*

Modelo: Los indios vieron los hongos—No sabían lo que pasaba.
Los indios vieron los hongos sin que supieran lo que pasaba.

1. Los fuegos devastaron la tierra—No quedó ningún ser viviente. **2.** Los científicos siguen sus investigaciones—No pueden eliminar el cáncer. **3.** Han descubierto una sustancia en la luna—No conocen su composición. **4.** El hombre viaja más—No tiene que gastar mucho dinero. **5.** La energía nuclear domina—No existe peligro para la humanidad.

B. *Cambie las siguientes oraciones al tiempo pasado, según el modelo:*

El **partirá** de aquí sin que nadie lo **sepa**.

El **partió** de aquí sin que nadie lo **supiera**.

1. Estallará una guerra sin que lo **sepamos**. **2.** Las ciudades **serán** arrasadas sin que nadie **sobreviva**. **3. Existe** una confederación de estados sin que ninguno de ellos **predomine**. **4.** Los drogadictos **desaparecerán** sin que lo **notemos**. **5.** La energía nuclear **domina** sin que **estalle** una guerra. **6.** El avión-cohete **vuela** sin que nadie lo **pilotee**. **7.** La vida se **prolonga** sin que se **extermine** el cáncer. **8.** Se **produce** una reacción en cadena sin que nadie **pueda** evitarla. **9. Sucederá** una catástrofe sin que se **conozca** su origen. **10. Será** fácil viajar sin que se **pierda** mucho tiempo.

8. Uso de la voz activa con forma verbal reflexiva, en vez de la voz pasiva

La voz pasiva, en español, no se usa con tanta amplitud como en inglés. En los casos de uso de la voz pasiva en inglés, en que el agente de la acción no se expresa y el sujeto es una cosa, como por ejemplo en la oración *A substance has been discovered in the moon*, se prefiere en español el uso de la voz activa con forma verbal reflexiva. Obviamente, en estos casos, siendo el sujeto una cosa, singular o plural, siempre se usará la tercera persona, a la que corresponde el pronombre reflexivo **se**. Peculiaridad de esta construcción es que regularmente el sujeto se expresa después de la forma verbal. La oración inglesa dada como ejemplo en voz pasiva se diría en español:

Se ha descubierto una sustancia en la luna, (en vez de)

Una sustancia ha sido descubierta en la luna.

He aquí dos ejemplos más sobre este punto. En español no diríamos:

Una reacción en cadena será producida.

Sino que diremos:

Se producirá una reacción en cadena.

Tampoco diríamos:

Unos gigantescos hongos fueron elevados.

Sino que diremos:

Se elevaron unos gigantescos hongos.

EJERCICIOS

A. Tomando en consideración lo antes expuesto, cambie a la voz activa, forma verbal reflexiva, las siguientes oraciones que, regularmente, no usaríamos en esta voz pasiva:

1. Colonias en los planetas han sido establecidas. **2.** La vida ha sido prolongada. **3.** Una federación fue establecida. **4.** Dos días a la semana son trabajados. **5.** Cinco días a la semana serán descansados. **6.** Todas las enfermedades serán exterminadas. **7.** El planeta fue convertido en una hoguera casi total. **8.** La humanidad fue salvada. **9.** Potentes bombas de hidrógeno fueron estalladas. **10.** Tres meses de vacaciones son disfrutados.

B. *Cambie las siguientes oraciones del singular al plural, o viceversa, según el caso:*

Modelos: Se produjo una catástrofe.
                 Se produjeron unas catástrofes.
                 Se formarán unas federaciones.
                 Se formará una federación.

1. Se exterminará el monstruo del cáncer y el del SIDA. **2.** Se poblarán los planetas. **3.** Se ha establecido una colonia en la luna. **4.** Se arrasaron las ciudades. **5.** Se vio el hongo. **6.** Se arrojaron bombas de hidrógeno. **7.** Se prolongarán las vidas hasta los 125 años. **8.** Se pilotea el avión por control remoto. **9.** No se convertirá la ciudad en una hoguera. **10.** No se oyeron las bombas atómicas.

CAPITULO 5

Ciencia y arte

El hombre de ciencia

Matemáticas. Física. Química. Astronomía. Biología. Geometría. . .

El hombre . . . el ente más prodigioso de la creación, el único ser viviente capaz de razonar hasta lo infinito. El hombre de ciencia, el que ha sido capaz de desintegrar el átomo, de utilizar la tremendísima energía que encierra, que ha traspasado las fronteras de este mundo para alcanzar otros, no se detiene ante ningún obstáculo y avanza incontenible hacia metas cada vez más portentosas.

Si analizamos la historia de la humanidad, encontraremos siempre patente esa curiosidad, ese deseo de averiguar, de investigar, de trans-

31

formar, de crear. Desde el invento de la rueda, el descubrimiento de la electricidad y su utilización, hasta el transplante de un órgano tan vital como el corazón, el hombre de ciencia nos ha brindado una gama de maravillas que es para dejarnos atónitos.

¿Qué sería la humanidad sin esa capacidad extraordinaria de los hombres dedicados al campo de las ciencias? Seguramente estaríamos aún viviendo en cuevas y cavernas, como el resto de los animales. El más elemental de los utensilios usados por el hombre más primitivo requiere un principio científico. El lanzamiento de una piedra con la mano no es más que la aplicación de leyes físicas naturales aprovechadas por el hombre con un principio científico.

El acto, tal vez más primitivo que el anterior, de agarrar y sostener en sus manos una rama de árbol y con ella abatir a un enemigo, ¿no requiere también un principio científico que es la utilización de un elemento ajeno a su persona para producir un aumento a su fuerza natural, es decir, una multiplicación de su fuerza? Esa misma rama, usada como palanca ¡qué prodigios es capaz de hacer! Recordemos la célebre frase de Arquímedes: "Denme un punto de apoyo y una palanca y moveré al mundo".

PREGUNTAS

1. ¿Cómo ha contribuído y contribuye el hombre de ciencia al desarrollo de la humanidad?

2. ¿Cree usted que la ciencia ha contribuído al logro del bienestar y de la felicidad del hombre?

3. ¿Cree usted que hay aspectos negativos de las ciencias, es decir, que en alguna forma han sido perjudiciales en vez de beneficiosos para el género humano? Explique su criterio.

4. ¿En qué campo de las ciencias cree usted que el hombre ha logrado mayores avances?

5. En su opinión, ¿qué inventos o descubrimientos han sido más importantes para el desarrollo de la civilización?

6. ¿Le gustan a usted las ciencias? En caso afirmativo, ¿cuál o cuáles son sus preferidas y por qué? En caso negativo, explíquese.

El artista y el hombre de letras

En el hombre de letras y en el artista podríamos decir que domina el corazón sobre la razón. Se preocupa más por el mundo del espíritu que por el mundo material. Toma como principal objeto de estudio al hombre mismo. La filosofía, la literatura, la música, la pintura, la escultura, son temas de su preferencia.

El artista y el hombre de letras nos hablan de la naturaleza, de Dios, de las bellezas—y también de las fealdades—, de la alegría y del dolor, de la esperanza, del éxito y del fracaso, del amor y del odio, en fin, de todos los valores del espíritu, ya sean éstos positivos o negativos.

El poeta, el músico, el pintor, el escultor, son los máximos representantes de las más hondas manifestaciones del espíritu. Igualmente, el historiador, el crítico, el ensayista, el periodista, el filósofo, contribuyen, en gran medida, a aumentar la riqueza intelectual del hombre. En su afán de encontrar los principios y verdades que atesora el espíritu, ellos nos brindan con sus conocimientos y teorías, y nos dan la oportunidad de meditar sobre todo aquello que se escapa a la razón fría, calculadora, matemática; a todo aquello que se escapa a los ojos materiales, haciéndonos ver con los ojos del alma, haciendo que nos adentremos en los campos de lo inconmensurable, de lo omnipotente, de la vida y de la muerte, de la inmortalidad, y de los grandes misterios del Creador.

PREGUNTAS

1. ¿En qué forma ha contribuído y contribuye el hombre de letras y el artista al desarrollo de la humanidad?
2. ¿Es usted una persona de letras?
3. ¿Es usted un artista?
4. ¿Cuál es su forma de arte preferido, y por qué?
5. ¿Qué opinión tiene usted de la filosofía? ¿Es usted filósofo?
6. ¿Qué opina usted de la música?
7. ¿Tiene usted alma de poeta? ¿Ha hecho usted versos alguna vez?
8. ¿Cree usted en la existencia del espíritu?

¿Ciencias o artes y letras?

Es evidente que el hombre, para su desarrollo, necesita de ambas, de las ciencias y de las artes y letras, y que desde los primeros albores de la humanidad, tanto las unas como las otras fueron manifestaciones del género humano.

La civilización y la cultura de todos los pueblos de la tierra están vinculadas, en mayor o menor grado, a estas dos fuerzas motoras que impulsan y desarrollan la actividad humana. A fin de cuentas, civilización y cultura no son más que las manifestaciones de estas potencias creadoras. Ciencias y artes y letras se complementan. No subsistirían las unas sin las otras; en la misma forma que no habría vida superior sin la existencia de los dos géneros, el masculino y el femenino.

Aceptado este principio, cada hombre escoge en su vida como principal actividad o bien las ciencias o bien las artes y letras. Puede que esta selección dependa de múltiples factores que influyen en cada hombre o mujer en particular. A veces un factor económico, tal vez uno sentimental, decidan a favor de unas o de otras. La vocación, la aptitud de cada cual es quizás lo que más decida en la mayoría de los casos.

El joven que tenga facilidad para las matemáticas, que se sienta atraído por el desarrollo y por las maravillas que ofrecen la física y la química, por ejemplo, indudablemente será un hombre de ciencias. La joven que experimente una emoción sublime ante la lectura de una obra literaria, o que sienta una fuerte vocación por la música o la pintura, no hay dudas que se decidirá por el estudio de las artes y letras. Así, el uno y la otra, continuarán, con su aportación, al desarrollo de la humanidad que seguirá siempre adelante, adelante, adelante. . . .

PREGUNTAS

1. ¿Qué cree usted que es más importante, las ciencias o las artes y letras? Explique su criterio.

2. ¿Qué factores o influencias determinan que una persona sea un científico o un artista?

3. ¿Los Estados Unidos, como nación, se ha caracterizado más por su desarrollo científico, o por su desarrollo artístico?

4. ¿En los países hispanoamericanos, predominan las ciencias o las artes y letras? Explique su opinión.

5. En general, ¿qué cree usted que ayude más a la búsqueda del bienestar y de la felicidad del hombre, las ciencias o las artes y letras?

V·O·C·A·B·U·L·A·R·I·O

abatir echar por tierra, dominar, conquistar

adentrar penetrar con análisis un asunto

afán (el) deseo fuerte

agarrar coger *to seize, catch, to steal una cosa*

ajeno extraño, no nativo

albor (el) luz del alba, principio

ansioso ávido, que tiene anhelo

aportación (la) contribución

atesorar guardar dinero u otras cosas de valor

atraer traer hacia sí una cosa

beneficiar hacer bien

debacle (la) final desastroso

desintegrar romper, destruir

encerrar (ie) poner o estar dentro de una cosa o un lugar donde no puede salir

ente (el) lo que existe

fantasma ser no real que uno cree ver

fealdad (la) contrario de hermosura o belleza

fila línea formada por personas o cosas colocadas unas detrás de otras

gama sucesión de cosas, serie, variedad de cosas

inconmensurable que no se puede medir o calcular

incontenible que no se puede contener o detener

lanzamiento acción de arrojar o echar

meta fin

odio lo contrario de amor

palanca barra que se usa para levantar o mover un objeto

patente evidente

portentoso grandioso, maravilloso

prodigio cosa o suceso extraordinario

prodigioso extraordinario

rama brazo o división del tronco de una planta o árbol

subsistir vivir, durar, existir

traspasar pasar de un lugar a otro

vincular atar o unir una cosa con otra, relacionar

REPASO GRAMATICAL

9. Uso del infinitivo después de una preposición

En español, cuando una forma verbal es objeto de una preposición se usa el **infinitivo**.

El deseo **de averiguar** es innato en el hombre.

Los científicos trabajan **para beneficiar** a la humanidad.

Arquímides murió **sin demostrar** algunas de sus teorías.

EJERCICIO

Conteste las siguientes preguntas, según el modelo. (Se dan en paréntesis una o más palabras que pueden servir de guía para contestar algunas de las preguntas.)

Modelo: ¿Para qué hace versos el poeta? (deleite, lectores)
El poeta hace versos **para deleitar** a sus lectores.

1. ¿De qué está ansioso el hombre? (investigación) **2.** ¿Qué es capaz de hacer el hombre hasta lo infinito? (razonamiento) **3.** ¿Para qué han traspasado los astronautas las fronteras de este mundo? (alcance, otros mundos) **4.** ¿Para qué sirve, entre otras cosas, la electricidad? (movimiento, motores) **5.** ¿Es posible el triunfo en la vida sin estudiar y luchar con perseverancia? **6.** ¿Se contentan los científicos solamente con teorizar o, por el contrario, trabajan también para poner en práctica sus teorías?

10. Los adjetivos demostrativos

Los adjetivos demostrativos en español concuerdan en género y número con el nombre a que se refieren y, generalmente, se usan antes del nombre. La función de los adjetivos demostrativos es señalar o distinguir personas o cosas denotando asimismo, generalmente, la distancia a que se encuentra del que habla la persona o cosa a que se refiere.

Con **estas** palancas moveremos al mundo.

Aquel joven que está sentado en la última fila es poeta.

Esta autora de que te hablo es famosísima.

He aquí los adjetivos demostrativos, acompañados de un sustantivo:

Masculino, singular	Femenino, singular
este pintor	**esta** poetisa
ese músico	**esa** obra
aquel escritor	**aquella** pintura

Masculino, plural	Femenino, plural
estos maestros	**estas** teorías
esos poemas	**esas** esculturas
aquellos dramas	**aquellas** novelas

Los adjetivos demostrativos **este**, **estos**, **esta**, **estas** indican que la persona o cosa a que se refieren está cerca, inmediata, o al alcance de la persona que habla.

Los adjetivos demostrativos **ese**, **esos**, **esa**, **esas** denotan que la persona o cosa a que se refieren está cerca, inmediata o al alcance de la persona a quien se habla.

Los adjetivos demostrativos **aquel**, **aquellos**, **aquella**, **aquellas** denotan, generalmente, que la persona o cosa a que se refieren, está más allá del alcance inmediato tanto de la persona que habla como de la persona a quien se habla. Véase en el siguiente ejemplo cómo el uso de estos demostrativos denotan distancia:

Este libro que tengo en la mano es mío, y **esa** libreta que tú tienes es tuya, pero **aquella** pluma que está sobre el escritorio es de mi hijo.

EJERCICIO ────────────────────────────────

Cambie al plural las siguientes oraciones:

Modelo: **Este** cuadro es de Velázquez.
Estos cuadros son de Velázquez.

1. Ese poema fue escrito por Rubén Darío. **2.** Hazme el favor de tocar este disco en tu tocadiscos. **3.** Aquella novela de que te hablé ayer es de Galdós. **4.** Ese joven que está hablando con tu hijo es periodista. **5.** ¿Te gustaría conocer a esa escritora famosa? **6.** Sí, pero también quisiera conocer a aquel científico. **7.** Este telegrama está escrito en portugués. **8.** Ese sistema es más sencillo que el tuyo. **9.** Esta pieza musical tiene mucha melodía. **10.** Aquel cuadro es mejor que el de Tomás.

11. Los pronombres demostrativos

Los pronombres demostrativos son los mismos que los adjetivos demostrativos. Solamente se diferencian en la escritura, en que los pronombres llevan acento ortográfico, aunque este requisito no es absolutamente obligatorio.

Esta obra es de Milton y **ésta** es de Hemingway.

Tu poema es más bello que **éste**.

Mi pintura es mala pero **aquélla** es peor.

Los pronombres demostrativos neutros son **esto**, **eso** y **aquello**, y no llevan acento ortográfico. Se usan para referirse a cosas o preguntar sobre cosas, sin determinar su género y número.

¿Qué es **esto** que tengo en la mano?

Eso es una cámara.

Aquello que vemos allí son dos cuadros de Goya.

También los pronombres demostrativos neutros pueden referirse a ideas, declaraciones, hechos o situaciones que previamente han sido determinados en la conversación o en el contexto.

Esto es lo más interesante que he oído.

Aquello fue la debacle.

Eso está muy bien hecho.

Esto me viene como anillo al dedo.

EJERCICIO ────────────────────────────────

Cambie al singular las siguientes oraciones:

Modelo: **Estos** libros son buenos pero **aquéllos** son mejores.
Este libro es bueno pero **aquél** es mejor.

1. Estas teorías filosóficas son de Kant y ésas a que te refieres son de Ortega y Gasset. **2.** Aquellos versos que recitaste ayer me gustaron más que éstos de hoy. **3.** Esos telegramas son de Madrid y éstos llegaron de Barcelona. **4.** Aquellos diagramas quedaron perfectos pero éstos tienen algunos errores. **5.** Si estos programas son malos, aquéllos son peores.

EJERCICIO ESPECIAL

El hombre y su campo de actividad: profesión, arte, estudio u oficio

En español no hay una regla fija y sencilla para poder determinar la cuestión del título o nombre que se le da a la persona en cuanto a su profesión, arte, estudio u oficio. Con la ayuda del profesor, veamos si podemos conocer como se llama la persona que se dedica a una determinada actividad.

El que ejerce la medicina es **médico**.
El que toca música es **músico**.

Ahora, trate de determinar el nombre que se le da a las siguientes actividades:

1. El que practica la ley o el derecho es _____. **2.** El que ejerce la ingeniería es _____. **3.** El que se mete en la política es _político_. **4.** El que administra los asuntos de una empresa es _gerente_. **5.** El que enseña o da clases es _profesor_. **6.** El que repara motores se llama _____. **7.** El que practica la carpintería es _____. **8.** El que trabaja en plomería es _fontero_ 9. El que construye casas o edificios es _albañil_. **10.** El que diseña un edificio se llama _arquitecto_. **11.** El que practica la biología es _____. **12.** El que practica la química es _____. **13.** El que practica la física es _____. **14.** Mientras un matemático es experto en _____, el que estudia filosofía es _filósofo_ 15. Mientras un psicólogo estudia _____, el que se interesa en psiquiatría es _____. **16.** El que escribe es _____; si se dedica a escribir dramas es _____, pero si prefiere la novela es _____. **17.** Un ensayista escribe _____, pero un cuentista publica _____. **18.** El experto en historia es _dor_ **19.** Un poeta escribe _____. **20.** El escultor es maestro de la _____. **21.** El que pinta es _____. **22.** Uno que inventa es _____. **23.** El que se dedica a la agricultura es _tor_. **24.** El que baja a las minas es _minero_

¿Existe un ser supremo?

Creo en Dios

Llámenlo lo que quieran—Dios, Alá, Jehová, Ser Supremo, Nuestro Padre o Creador—, pero tienen que admitir su existencia, como se ha hecho desde que el primer ser humano comenzó a pensar y razonar. Las múltiples pruebas incontestables son obvias y verificables. Los ateos tratan de hacernos pensar que nuestras creencias son supersticiones ignorantes, sin base científica, pero la vasta mayoría de la raza humana sigue creyendo en un ser supremo, como hicieron nuestros primeros antecesores.

Los supuestos ateos, engañados por la ciencia, aseveran que el concepto del ser supremo es simplemente producto de la ignorancia de los primeros seres humanos y que nunca se ha podido demostrar científicamente la existencia de Dios, ni del cielo, ni de una vida después de la muerte. Explican la existencia del universo por medio de una teoría que algunos llaman el "gran estallido". Este produjo los primeros átomos que con el tiempo, hace ya millones y millones de años, desarrolló el universo que hoy se conoce. No explican cómo o qué causó esa explosión. Dicen que fue algo espontáneo. ¡Fácil respuesta, pero poco científica! Simplemente ignoran el orden y la belleza de nuestro mundo. Los ciclos de la naturaleza no les dicen nada a estos individuos.

Tampoco quieren aceptar el concepto de que cada cosa tiene un principio. La vida humana, según ellos, no vino de un ser amante y creador, sino de un estallido en el espacio negro. ¿De dónde vino el espacio y qué causó el estallido? Pues, es muy fácil según ellos, porque siempre hubo ese espacio y el estallido fue un accidente. ¿Quiénes son los supersticiosos ahora? Nos hablan con gran arrogancia y olvidan que cada cultura, en todas partes de este planeta, ha tenido la misma creencia fundamental de que ha habido una fuerza superior, que por su profundo y eterno amor ha querido compartir vida con nosotros. Somos nosotros, los creyentes en Dios, los que tenemos la lógica a nuestro lado. Los miles de millones de gentes de todos los rincones del planeta no pueden ser tan ignorantes ni pueden estar tan engañados como creen nuestros hermanos ateos. El día final, aún ellos verán la luz verídica y, como el ciego que recobra la vista, ese día admitirán su lamentable error.

Nosotros creemos en Dios, y esta creencia es, sobre todo, producto de la fe. Vemos a Dios en todos los actos de nuestras vidas, sencillamente porque creemos en El. Creer para ver. No decimos ver para creer. Los que no ven a Dios es porque no creen en El.

PREGUNTAS

1. ¿Cree usted en la existencia de un ser supremo? ¿Por qué?
2. Si usted cree en Dios, ¿cómo prueba usted su existencia?
3. ¿Es usted ateo? ¿Por qué?
4. ¿Cuál es su opinión de la Biblia?
5. ¿Es usted un religioso activo? ¿Asiste a la iglesia o templo con regularidad?
6. ¿Qué piensa usted de la existencia de más de un Dios?
7. ¿Cuál es su teoría de la creación del universo?

Dios no existe

Ha habido miles de supersticiones y creencias primitivas durante el transcurso del género humano, pero ninguna ha persistido tan fuerte en los creyentes como la de Dios, el Ser Supremo. (Ni siquiera pueden concebir en que este ser sea "la Madre" de todo).

¿Por qué no podemos dejar este primitivismo anticuado? La respuesta es tan sencilla como la razón de su existencia: algunos necesitan a ese viejo barbudo que está sentado en una nube. La necesidad lo creó. ¿No ven la ironía? No fue Dios quien nos creó, sino nosotros quienes lo creamos a El. ¿Qué evidencia tenemos para comprobar su existencia? Primero (tomando como ejemplo la creencia cristiana), veamos el libro sagrado, la Biblia, el mismo libro que dice que nuestros primeros padres tuvieron dos hijos, Caín y Abel. ¿Cómo se propagó la especie humana? Nunca se mencionan las esposas de los primeros hermanos. ¿Y qué pasa cuando se quiere refutar la Biblia y señalar sus inconstancias? Los creyentes nos llaman ateos, blasfemos, infieles y monstruos. Los infelices ciegos no pueden aceptar la realidad; prefieren seguir viviendo en las tinieblas que ver la luz de la verdad.

Los creyentes hablan de los milagros de Jesús o de Mahoma, y de sus santos y profetas; los mismos milagros que han mantenido generación tras generación, por una fe constante y admirable. Lástima que se basa en una ignorancia abominable.

Los creyentes nos dicen que su Dios es el padre bondadoso, benévolo, todo amor. ¡Que se lo digan a la gente que sólo ha conocido pena, sufrimiento, castigo, frustración y crueldad en su vida! Imagínense: ellos pueden creer en un padre bondadoso que atormenta a algunos de sus hijos, justificándolo con la promesa de una vida perfecta en otro mundo que nadie ha visto o conocido. ¿Quién ha vuelto de ese mundo para comprobar que de veras existe? Claro, nadie.

No puedo llegar a entender por qué no se puede destruir la leyenda de Dios de una vez y para siempre, y usar esa energía y esa fe para resolver los problemas de este planeta. No sé como pueden estos "hijos de Dios" decirle a un miserable desgraciado que debe aguantar su vida intolerable porque algún día gozará de una vida perfecta en el "más allá". ¿Es ésa su solución para los desamparados? ¿Prometerles "algo", "algún día"? ¡Qué mentira! ¡Qué engaño!

PREGUNTAS

1. ¿Conoce usted a alguna persona atea, y qué opinión tiene usted de ella?
2. ¿Cómo explica usted que la gran mayoría de los humanos creen en la existencia de un ser supremo?
3. ¿Solamente cree usted en lo que ve? Explique su respuesta.
4. ¿Todo lo que existe se puede ver, o hay cosas que no se ven pero tenemos la certeza de que existen? Razone su respuesta.
5. ¿Por qué son ateos los comunistas? Es decir, ¿niegan la existencia de Dios?
6. ¿Cree usted que solamente somos materia o que existe también un espíritu?
7. ¿Cree que exista otra vida más allá de la muerte? ¿Por qué?
8. ¿Qué piensas del agnosticismo?

V·O·C·A·B·U·L·A·R·I·O

aguantar tolerar, sufrir

aseverar afirmar

barbudo persona con pelo largo en la cara

bondadoso generoso, benévolo

castigo pena que se impone por alguna falta

ciego que no ve

cielo (*relig.*) mansión donde se goza de la presencia de Dios

engaño falsedad, contrario a la verdad

gozar disfrutar

mentira que no es verdad

nube masa de vapor de agua suspendida en la atmósfera

tiniebla obscuridad

vasta extensa

verídico que es verdad, verdadero

REPASO GRAMATICAL

12. Uso de la conjunción SINO

La conjunción **sino** se usa en lugar de **pero** cuando la primera parte de la oración es negativa y la continuación da la información que se estima es la correcta y positiva.

La vida no viene de un estallido **sino** de Dios.

No fue Dios quien nos creó, **sino** fuimos nosotros quienes lo creamos.

No somos hijos de la nada, **sino** hijos de Dios.

EJERCICIO

Combine estas ideas usando la conjunción SINO, según el modelo:

No eran ateos; eran creyentes.
No eran ateos, **sino** creyentes.

1. La teoría del "gran estallido" no es razonable; esta teoría es fantástica. **2.** Los comunistas no son religiosos; ellos son ateos. **3.** La vida no termina con la muerte; hay otra vida en el cielo. **4.** La existencia de Dios no es discutible; su existencia es irrebatible. **5.** La gente buena no va al infierno; ellos van a la gloria.

6. Los musulmanes no creen en Jehová; ellos creen en Alá.   **7.** La mayoría de los chinos no son cristianos; ellos son budistas.   **8.** No todo lo que existe se puede ver; hay otras cosas que no se ven y existen.   **9.** Jehová no es un nombre latino; Jehová es un nombre hebreo.   **10.** El pueblo polaco no es ateo; el pueblo polaco es muy religioso.

Los climas

Un clima tropical

¿Te gustaría vivir en un clima tropical? Eterna primavera, playas soleadas, aguas templadas, cielo azul. ¡Qué sabroso es vivir en un país o en una región que goce de un clima tropical! Aquí mismo, en los Estados Unidos, en el sur de la Florida, se encuentran ciudades como Miami, Miami Beach, Fort Lauderdale, Naples y otras, donde es posible disfrutar de las ventajas y bondades de un ambiente tropical. En sus playas podemos tomar, durante todo el año, baños de sol y de mar, lo mismo en enero que en agosto.

Toda clase de deportes al aire libre pueden efectuarse: béisbol, fútbol, tenis, pista, golf, equitación, en fin, no hay limitación de ninguna clase para la práctica de estos deportes. ¿Ropa? Poca. La más de las veces, es decir, la mayor parte del tiempo, usaremos ropa muy ligera: los hombres en mangas de camisa, las mujeres con sayas y blusas ligeras. Esto, indudablemente redunda en una economía. Tampoco tenemos que pagar altas cuentas por el concepto de la calefacción.

El clima tropical te hace sentir también más joven, más fuerte, con la sangre hirviéndote en las venas. El amor, el romance, está siempre tocando a tus puertas. No sentimos nunca muchos deseos de trabajar, principalmente en los meses de julio y agosto, en que el calor se hace sentir bastante; pero, ¡qué importa! ¡Vive la vida hoy aunque mañana te mueras! Así reza un dicho popular cubano, que da, en cierta medida, una idea de la mentalidad del hombre del trópico.

PREGUNTAS

1. ¿Te gusta o te gustaría vivir en un clima tropical?
2. ¿Eres amante de los deportes acuáticos: natación, esquí acuático, etc.?
3. ¿Qué opinión tienes de los habitantes del trópico en general? ¿Son más románticos, más apasionados?
4. ¿Qué opinas del dicho popular cubano: "vive la vida hoy aunque mañana te mueras"?
5. ¿Qué ventajas y desventajas encuentras en un clima tropical?

Un clima frío

Vivir en un clima frío puede ser muy agradable, y hay muchas personas que lo prefieren a un clima tropical. Los deportes invernales, tales como el patinar en el hielo y el esquiar en las montañas cubiertas de nieve, son verdaderamente excitantes e interesantísimos.

Además, no siempre es invierno en las regiones o países de clima frío. Los estados del norte de los Estados Unidos, las naciones europeas en su mayor parte, gozan de los distintos cambios que se producen durante las cuatro estaciones. La primavera y el verano brindan la oportunidad para disfrutar de la vida al aire libre, admirar los cambios de la naturaleza, el renacer de los árboles y las flores, los días claros y luminosos, las excursiones al campo y a las playas. En estas regiones la gente es más consciente de estas cosas que la gente de otros lugares. Después de tres meses de duro invierno saben apreciar en todo su valor la llegada de la primavera.

También el otoño nos brinda nuevas sensaciones, distintas experiencias: la caza y la pesca son actividades que podemos disfrutar durante esa estación. El hombre nórdico, el que vive en estos lugares fríos, es más trabajador, dado a la investigación, a la búsqueda, tal vez porque tiene forzosamente que permanecer más tiempo bajo techo que los de otras latitudes.

PREGUNTAS

1. ¿Te gusta o te gustaría vivir en un clima frío?
2. ¿Practicas algún deporte invernal? ¿Cuál o cuáles?
3. ¿Qué ventajas encuentras en una región fría?
4. ¿Qué desventajas tiene el vivir en un clima frío?
5. ¿Prefieres la vida bajo techo? Explícate.

El clima o la región ideal

No son muchas las regiones de nuestro mundo de las que pudiéramos decir que se disfruta de un clima ideal. Es muy posible que de inmediato nos venga a la memoria California. Todos los estadounidenses, o casi todos, quisieran vivir en California. Se dice que esta región es maravillosa. Ni sufre de los rigores del verano con altas temperaturas, ni de la miseria del invierno con sus temperaturas álgidas. Todo el año es un paraíso terrenal, lleno de luz y de vida.

Sin embargo, ¿puede asegurarse que existe alguna parte de la tierra que reúna las condiciones climatológicas, geográficas y geológicas perfectas, para considerarla como la región ideal para el hombre? La misma California, con toda su fama, no reúne esas condiciones. A veces esta región es víctima de prolongadas y torrenciales lluvias que provocan terribles inundaciones y causan considerables daños a la propiedad e incluso pérdidas de vidas. Asimismo, está amenazada por terremotos o temblores de tierra que pueden destruir ciudades enteras. Recuérdese el que sufrió la ciudad de San Francisco en el año 1906, que prácticamente la arrasó a virtud de los incendios que produjo el sismo. Esta misma ciudad, en 1989, nuevamente fue víctima de otro terremoto fuerte, que causó muchos daños y pérdidas de vidas. La densa niebla que a veces envuelve ciertas zonas es también un factor negativo.

Pero estos factores, a fin de cuentas, son de carácter excepcional, y es evidente que California, por su bondadoso clima, se ha convertido, desde hace años, en el sueño de la mayor parte de los estadounidenses, que desearían vivir dentro de sus límites geográficos.

PREGUNTAS

1. Para tí, ¿cuál es la región ideal para vivir?
2. ¿Has pensado alguna vez vivir en California? ¿Por qué?
3. ¿Crees que California es, en efecto, el lugar donde quisieran vivir los estado-unidenses? ¿Por qué?
4. ¿Todo el estado de California goza del mismo clima? ¿Conoces el Valle de la Muerte y las montañas de Sierra Nevada?
5. ¿Conoces las islas de Hawaii? ¿Crees que el clima de Hawaii es mejor o puede compararse con el de California?

V·O·C·A·B·U·L·A·R·I·O

a fin de cuentas después de todo, como análisis final

álgido muy frío

amenazar dar a entender a otro que le quiere hacer algún mal

apreciar estimar, reconocer el mérito de algo o alguien

asegurar afirmar la certeza de lo que se dice

asimismo del mismo modo, también

a virtud de por, a causa de

bajo techo en casa o en otro lugar cerrado

bondad (la) calidad de bueno

bondadoso lleno de bondad, muy bueno

brindar ofrecer, dar

búsqueda busca, investigación

calefacción (la) acción de elevar la temperatura

caza acción de cazar, deporte o necesidad de buscar animales para matarlos o capturarlos

daño efecto de dañar, detrimento, perjuicio o destrucción de algo o alguien

envolver (ue) cubrir una cosa parcial o totalmente

equitación (la) acción de montar a caballo

esquiar moverse sobre la nieve o hielo por medio de los esquís

forzosamente necesariamente

hervir (ie, i) moverse agitadamente un líquido por intenso calor

inundación (la) efecto de las aguas cuando cubren un terreno

manga parte del vestido que cubre el brazo

medida expresión comparativa de dimensiones

niebla nube en contacto con la tierra que obscurece la atmósfera

patinar deslizarse o moverse con patines sobre una superficie plana

permanecer no cambiar de lugar	**rezar** orar, decir
pesca acción y arte de coger peces con redes, etc.	**rigor (el)** severidad
	sabroso delicioso
	saya falda
pista lugar donde se realizan los deportes de carrera (caballos, perros, etc.)	**sismo** terremoto, movimiento de tierra producido por causas internas
provocar incitar, estimular	**soleado** en el sol
redundar resultar una cosa en beneficio o daño de alguien	**temblor de tierra** terremoto
	templado moderado
renacer nacer de nuevo	**terrenal** de la tierra

REPASO GRAMATICAL

13. El subjuntivo en cláusulas adjetivales

En los casos en que se necesita o se quiere hacer referencia a un antecedente indeterminado, indefinido, eventual o dudoso, a través de una cláusula adjetival, es decir, que tiene función de adjetivo, se usa en español el modo subjuntivo. Si el antecedente es definido, determinado o no dudoso, el indicativo es el modo verbal que debe usarse.

Me gusta vivir en un clima que **sea** moderado.	(indeterminado)
California goza de un clima que **es** casi perfecto.	(determinado)
¿Hay un lugar dónde siempre **haga** calor?	(indeterminado)
Si, hay muchos lugares donde siempre **hace** calor	(determinado)
¿Existe un lugar que **reúna** esas condiciones?	(indeterminado)
Si, existe un lugar que **reúne** esas condiciones.	(determinado)
No sé si existe un lugar que **reúna** esas condiciones.	(indeterminado)
Quiero vivir en un lugar que no **sufra** del frío.	(indeterminado)
Vivo en un lugar que no **sufre** del frío.	(determinado)

EJERCICIOS

A. Conteste las siguientes preguntas, primero en forma afirmativa, y después con la expresión **No sé si**. . . .:

Modelo: ¿Hay un lugar que **tenga** un clima perfecto?
Sí, hay un lugar que **tiene** un clima perfecto.
No sé si hay un lugar que **tenga** un clima perfecto.

1. ¿Hay un lugar dónde siempre haga calor?   **2.** ¿Hay un clima que sea mejor que el de California?   **3.** ¿Existen muchas regiones que disfruten de un clima ideal?   **4.** ¿Hay un clima que sea más bondadoso?   **5.** ¿Vas a vivir a un lugar donde haya temblores de tierra?   **6.** ¿Hay un clima dónde se pueda salir mucho al aire libre?   **7.** ¿Existe un lugar donde siempre nieve?   **8.** ¿Existe un clima que le guste a todo el mundo?   **9.** ¿Hay regiones que siempre sufran de terremotos?   **10.** ¿Existen regiones donde siempre llueva?

B. Conteste las siguientes preguntas usando la expresión **No sé donde**. . . :

Modelo: ¿Dónde **hace** mucho calor?
No sé donde **haga** mucho calor.

1. ¿Dónde llueve mucho?   **2.** ¿Dónde hay un clima ideal?   **3.** ¿Dónde nieva siempre?   **4.** ¿Dónde gozan de un clima perfecto?   **5.** ¿Dónde existe un lugar más bondadoso?   **6.** ¿Dónde llevan mangas de camisa todo el año?   **7.** ¿Dónde se puede esquiar todo el año?   **8.** ¿Dónde están amenazados por terremotos?   **9.** ¿Dónde se disfruta de un clima sin lluvia?   **10.** ¿Dónde se aprecian los cambios de las estaciones?

14. Las expresiones del tiempo

Generalmente, en las expresiones que se refieren al tiempo, climas, o temperaturas, se usan en español, sin distinción, los verbos **hacer** o **haber**, en la tercera persona del singular y en el tiempo verbal que se requiera. Asimismo, los verbos que se refieren a los distintos fenómenos climatológicos y atmosféricos, como por ejemplo, **nevar, llover, tronar, relampaguear**, se usan en tercera persona singular.

¿**Hace** frío en el norte? Si, **hace** mucho frío.

¿**Hay** calor en las selvas? Si, **hay** mucho calor allí.

¿**Hizo** fresco en la primavera? Si, **hizo** mucho fresco.

¿**Nevó** mucho el año pasado? No, no **nevó** mucho.

¿**Llueve** a menudo en el desierto? No, **llueve** muy poco en el desierto.

¿Qué temperatura **hizo** ayer en La Habana? **Hizo** una temperatura de 80°.

¿Qué temperatura **hay** hoy en Los Angeles? **Hay** una temperatura de 70°.

EJERCICIO ━━━━━━━━━━━━━━━━━━━━━━━━━━━━━━━━

Conteste, con oración completa, las siguientes preguntas:

1. ¿Hace calor en julio en la Florida? **2.** ¿Hace mucho frío cuando nieva? **3.** ¿Hubo mucho calor en San Antonio el verano pasado? **4.** ¿Cuándo hay más calor en la Argentina, en enero o en julio? **5.** ¿Hizo fresco en Filadelfia el otoño pasado? **6.** ¿Lloverá mucho en Arizona el verano que viene? **7.** ¿Cuándo llueve más, en la primavera o en el verano? **8.** ¿Hace sol en el invierno algunas veces? **9.** ¿Ha nevado alguna vez en la zona del Caribe? **10.** ¿Hizo mucho frío en Alaska en enero del año pasado? **11.** ¿Habrá frío mañana? **12.** ¿Hizo mucho sol ayer? **13.** ¿Hay calor siempre en Madrid? **14.** ¿Hará fresco mañana? **15.** ¿Tronó mucho ayer durante la tormenta? **16.** ¿Dónde hubo más frío el invierno pasado, en Montana o en Colorado? **17.** ¿Relampaguea mucho aquí durante la primavera? **18.** ¿Dónde hace más calor, en el Desierto de Sahara o en el Valle de la Muerte?

15. Algunos usos de las preposiciones A, POR, DE y EN, en expresiones de tiempo

La preposición **a** se usa para expresar o preguntar la hora exacta en relación con un hecho o acción.

¿**A** qué hora es más fuerte el calor?

A las 2 : 00 p.m. el calor es más fuerte.

Regularmente, **a** las 3 : 00 a.m. siempre hay fresco.

La preposición **por** se usa casi siempre para referirse a un período de tiempo, sin especificación de la hora. Esta preposición puede ser sustituída por la preposición **durante**, y aunque en la mayoría de los casos se prefiere el uso de **por**, hay algunos casos en que se prefiere **durante**.

Siempre llueve **por** (durante) la tarde.

Hace mucho sol **por** (durante) el mediodía.

Por (durante) la noche siempre refresca.

Estuvo nevando **durante** (por) tres horas.

Ayer llovió **durante** (por) todo el día.

Por (durante) la mañana hay mucha niebla.

La preposición **de** se emplea en los casos en que, al expresar la hora, se añade el período de tiempo al cual pertenece.

Comenzó a llover a las nueve **de** la mañana.

El terremoto se produjo a las 3 : 45 **de** la tarde.

El tren llegó a las once **de** la noche.

La preposición **en** se usa en oraciones en que se hace referencia a una fecha determinada con expresión de un cierto período de tiempo. También, en estos casos, se puede sustituir esta preposición por la preposición **durante**.

En (durante) la mañana del 25 de octubre un ciclón azotó a Cuba.

En (durante) la noche del 23 de julio, a las 9 : 33, habrá un eclipse de luna.

EJERCICIOS

A. Conteste las siguientes preguntas con oración completa:

1. ¿Hace calor en las selvas por la tarde? **2.** ¿Por la noche, hay mucho frío en el desierto? **3.** ¿Llueve mucho por la tarde en la primavera? **4.** ¿Cuándo hace más frío, por la mañana o por la tarde? **5.** ¿Hay calor por la noche en el otoño?

B. Conteste las siguientes preguntas con oración completa:

1. ¿A qué hora, aproximadamente, se pone el sol en el verano? **2.** ¿Y a qué hora sale? **3.** ¿A qué hora comenzó a llover ayer? **4.** ¿A qué hora terminó de nevar el domingo pasado? **5.** ¿A qué hora se produjo el primer temblor de tierra en San Francisco?

C. Conteste las siguientes preguntas con oración completa:

1. ¿Qué hora es en San Francisco cuando en Boston es la una de la tarde? **2.** ¿Recuerda usted si llovió ayer a las ocho de la mañana? **3.** ¿Cuándo hace más calor en el desierto, a las nueve de la mañana o a las tres de la tarde? **4.** ¿Habrá mucho frío mañana a las diez de la noche? **5.** ¿Le gustaría a usted que mañana a las cuatro de la tarde hiciera 10° bajo cero de temperatura?

D. Conteste con oración completa las siguientes preguntas:

1. ¿Sabe usted si en la mañana del 6 de febrero del año pasado nevó en Chicago?
2. ¿Fue en la noche del 22 de noviembre de 1963 cuando asesinaron al Presidente
Kennedy? **3.** ¿El ataque a Pearl Harbor el 7 de diciembre de 1941 se produjo en la
mañana o en la noche de ese día? **4.** ¿Es cierto que en la tarde del 24 de julio del
año pasado tembló la tierra en Los Angeles? **5.** ¿Recuerdas si en la mañana del 10
de mayo del año pasado llovió mucho en tu ciudad?

¿Democracia o comunismo?

Comunismo vs democracia

La Segunda Guerra Mundial termina con el triunfo de Los Aliados que derrotan a las Naciones del Eje. Los Estados Unidos y Rusia emergen como las dos grandes potencias triunfadoras. Dos naciones totalmente distintas, diferentes. La una, abrazada a la Democracia. La otra, dentro de la doctrina y el sistema del Comunismo.

A partir de esa guerra se agudizan las diferencias entre ambas doctrinas. La Unión de Repúblicas Socialistas Soviéticas extiende su poderío a la Europa Oriental con la conversión al sistema comunista de países como

Hungría, Polonia, Checoslovaquia, Yugoslavia, Rumania y Alemania del Este.

Estados Unidos de América y la Europa Occidental, con Inglaterra y Francia a la cabeza, consolidan la democracia y la llevan a otras naciones como Japón, y Corea del Sur, entre otras.

Rusia y los Estados Unidos se convierten en rivales, en antagonistas, y así surge una nueva amenaza para el mundo. Las dos potencias luchan por la supremacía: los soviéticos con el comunismo; los estadounidenses con la democracia.

La doctrina comunista aspira a la colectivización de los medios de producción, a la supresión de la propiedad privada, al establecimiento de una sociedad sin clases, y a "la dictadura del proletariado."

La Democracia, por su parte, implica el reconocimiento de una igualdad absoluta entre los hombres, sin distinción de raza, religión, trabajo, riqueza, o inteligencia, y con un sistema de gobierno en el cual los gobernantes son elegidos por el pueblo mediante el voto universal y secreto.

¿Qué doctrina, en definitiva, triunfará sobre la otra? ¿Cuál es el mejor sistema? ¿Comunismo? ¿Democracia?

PREGUNTAS

1. Dé un comentario breve de las consecuencias de la Segunda Guerra Mundial. ¿Qué países europeos se mantuvieron neutrales, es decir, fuera del conflicto bélico?

2. ¿Qué países constituían El Eje, y cuáles formaban Los Aliados?

3. ¿Qué pasa en el Japón después de la Segunda Guerra Mundial?

4. En su opinión, ¿por qué la Unión Soviética se convierte en una gran potencia y rivaliza con los Estados Unidos?

5. ¿Qué sabe usted del Manifiesto Comunista de Marx y Engels?

6. ¿Quiénes fueron los fundadores de la Democracia? ¿Cómo funcionaba la Democracia en la Grecia antigua?

7. ¿Qué cree usted de la caída del Muro de Berlín? ¿Es el principio del fin del Comunismo?

Soy comunista

Creo que el Comunismo es la única solución para lograr la completa felicidad del ser humano.

Bajo un sistema y gobierno comunista todos tienen garantizado el derecho al trabajo, gozan de una educación totalmente gratuíta, la atención médica y hospitalaria se imparte por igual, y sin costo alguno, a todos los ciudadanos. La vivienda está asegurada, y todos tenemos un techo donde vivir y descansar. En un régimen comunista no existen desamparados, no hay personas durmiendo en las aceras o bajo los puentes, y no hay vagos ni vagabundos.

En un país comunista como, por ejemplo, la Union Soviética, el Estado ha constituído "la dictadura del proletariado," es decir, de los trabajadores. Todos trabajan por y para el enriquecimiento y poderío del país.

¿Qué era Rusia en la época de los zares? Una nación pobre y débil, donde la aristocracia, un pequeño grupo de privilegiados, vivía en opulento lujo, mientras que el pueblo ruso se moría de hambre y de necesidades. Con la revolución bolchevique el pueblo derrotó a la monarquía zarista, comenzando así una nueva era para esta nación. Hoy día se ha convertido en una gran potencia, gracias al comunismo.

Por otra parte, las llamadas democracias, donde impera un desmedido capitalismo y un desenfrenado amor por el dinero, están en decadencia. Vemos como los empresarios capitalistas, en su desmedida codicia se enriquecen con la sangre y el sudor de los trabajadores, los cuales disfrutan solamente de un minúsculo porcentaje del producto de su trabajo. La democracia mantiene en vigor las grandes distinciones entre las clases sociales y económicas de los tiempos de los monarcas absolutos. Igualmente, estos mismos empresarios ensucian y envenenan ecológicamente nuestra Tierra sin preocuparse por el futuro bienestar del planeta y sus habitantes. ¡Llegará el día en que los pueblos, cansados de vivir bajo el yugo capitalista, se rebelarán en contra de sus gobernantes y proclamarán el Estado Comunista, y con ello el poderío de los trabajadores!

Por eso digo que el comunismo es la solución para todos los males que azotan a los pueblos que sufren bajo el imperio capitalista.

PREGUNTAS

1. ¿Es usted partidario del sistema comunista? Explique su posición.
2. En general, ¿cuál es su opinión sobre la doctrina comunista?
3. ¿Hay alguna diferencia entre el socialismo y el comunismo? Explique.
4. ¿Cómo explica usted "la dictadura del proletariado"?
5. Los comunistas dicen que en el capitalismo existe "la explotación del hombre por el hombre". En este sentido, ¿qué existe en los regímenes totalitarios comunistas?
6. Si en un régimen comunista no existe la propiedad privada, ¿cuál es el sistema de propiedad en esta clase de régimen?

¡Viva la democracia!

amparar=proteger

Nosotros, los que vivimos al amparo de un sistema de gobierno democrático, somos los que elegimos a los hombres y mujeres que han de guiarnos y dirigirnos durante un determinado número de años. Esta elección la hacemos libremente, mediante el sufragio universal y secreto.

Quizás el más preciado de los derechos disfrutados por los ciudadanos de una nación democrática sea el de la libertad de expresión y palabra. Esta libertad implica que podemos exponer, sin temor alguno, nuestras ideas y opiniones en cualquier asunto que nos interese, ya sea en lo político, en lo social, en lo económico, en lo religioso, en lo científico o en cualquier otra actividad o materia.

En lo político, en países como los Estados Unidos, hay diversidad de partidos, todos los cuales tienen el derecho a nominar un candidato a la presidencia de la República, incluyendo el Partido Comunista. El pueblo igualmente elige a las personas que forman el Congreso, el cual está constituído por Senadores y Representantes pertenecientes tanto a partidos de gobierno como de oposición. La Prensa—escrita, hablada o televisada—no está sujeta a la censura, y es libre de publicar cuanto estime conveniente.

Otro derecho fundamental y muy importante es la libertad de locomoción. Podemos salir del país cuando así lo deseamos. Aquí no hay cortinas de hierro ni muros o paredes que impidan el abandono de la nación por los que no están conformes.

El derecho a la propiedad privada trae como consecuencia la libre empresa, el desarrollo de la industria y el comercio, el incentivo de las personas y las corporaciones a multiplicar sus operaciones, llevando consigo la competencia y el estímulo. En este sistema, todos queremos superarnos y ser más productivos y creadores.

En los Estados Unidos, los derechos humanos se respetan en toda su integridad, y no existen presos políticos. Ni hay temor—como en los regímenes totalitarios comunistas—de que a media noche nos despierte la Policía Estatal, y sin explicaciones nos encarcelen, acusándonos de conspirar contra la seguridad del Estado, y nos mantengan presos por más de veinte o treinta años, si es que no perdemos la vida ante el pelotón de fusilamiento.

Nosotros, los amantes de la democracia, creemos firmemente que nuestro sistema es el mejor. Sabemos que no es perfecto, pero continuamente trabajamos por mejorarlo, luchando para que todos los hombres puedan vivir en un mundo donde el respeto a los derechos fundamentales del ser humano esté garantizado. ¡Viva la democracia!

PREGUNTAS

1. ¿Es usted partidario del sistema democrático? Explíquese.
2. ¿Qué ventajas o desventajas existen en el concepto de la propiedad privada?
3. ¿Es verdad que en los Estados Unidos no hay presos políticos? Explique.
4. ¿Cuántos y cuáles son los partidos políticos existentes en los Estados Unidos?
5. Si usted no estuviera conforme con el gobierno y el sistema democrático de los Estados Unidos, ¿qué haría usted?
6. ¿Le gustaría visitar a Rusia u otro país comunista como, por ejemplo, Cuba? Razone su respuesta.

V·O·C·A·B·U·L·A·R·I·O

abrazar rodear con los brazos; (*fig.*) adherirse a una idea o religión *embrace, hug*

agudizar agravar *un problema serio*

a la cabeza en primer lugar *está a la cabeza*

amenaza conminación, advertencia *threat*

amplio extenso, grande

aspirar pretender, *vacuum también 'suck'*

azotar dar golpes *algo*

bienes fortuna, capital

ciudadano persona que tiene derechos y deberes en un estado o ciudad

codicia apetito desordenado de riquezas *codicio es una persona*

conversión acción de cambiar o transformar

decadencia declinación, principio de ruina

derecho ley, razón

derrotar vencer, destruir

desamparado abandonado

desarrollar ampliar, amplificar

desmedido excesivo

desenvolverse progresar, crecer *muy bien, she came out of crisis well*

dictadura gobierno de un dictador

empresa corporación mercantil, industrial, comercial; compañía

empresario el que dirige una empresa

ensuciar contaminar, infectar

envenenar hacer las cosas nocivas a la salud

en vigor vigente *ley en vigor está activa*

gozar tener o poseer algo, disfrutar *goza de buena salud.*

impartir dar *impartir clases*

lograr obtener

lujo ostentación de riqueza

maldad acción injusta, perversidad

mediante por medio de; con

minúsculo ~~muy poco,~~ muy pequeño *casa minúscula*

muro pared exterior *los muros de Ávila*

obrero trabajador

pelotón de fusilamiento grupo de soldados armados con fusil o rifle que ejecutan a un prisionero por orden del gobierno vigente

poderío ~~con~~ mucho poder o fuerza

proletariado la clase que trabaja

reconocimiento aceptación

sangre humor o líquido rojo que circula por las venas y arterias

sudor (*fig.*) trabajar mucho *"sweat"*

sujetar someter al dominio de alguien o algo *, atar, amarrar*

supremacía grado superior, lo más alto *superioridad*

techo (*fig.*) casa, lugar para vivir *tejado está afuera*

temor inquietud debido a un mal que amenaza; *miedo*

vago que no le gusta trabajar *perezoso, flojo*

vagabundo individuo que anda errante, sin trabajo, sin casa

yugo (*fig.*) ley que sujeta *instrumento — yoke on oxen*

ASO GRAMATICAL

16. Las preposiciones POR y PARA con personas como objeto de las mismas

Las dos preposiciones **por** y **para** se usan con personas como objeto de las mismas, pero con distintos significados. **Por**, en este caso, da a entender que su objeto fue la causa o el motivo de la acción: **El pueblo votó por el candidato demócrata**. Esta frase quiere expresar que el pueblo fue motivado a votar porque el candidato era demócrata. En otras palabras, el candidato demócrata causó la acción del pueblo a votar por él.

Por otra parte, **para** indica que su objeto recibe el efecto o el resultado de la acción: **Los comunistas iniciaron una revolución para combatir al dictador**. Aquí entendemos que la acción de los comunistas está dirigida al dictador, es decir, el dictador recibe los efectos de la acción de los comunistas.

Con **por** buscamos la causa, el principio, el motivo, el impulso; mientras que **para** anticipa la destinación, el fin, el objetivo de la acción.

El dictador gobierna apoyado **por** el Ejército (El Ejército es la causa por la cual el dictador puede gobernar.)

El Presidente trabaja **para** la comunidad. (La comunidad recibe la acción.)

Los conservadores tienen poderío **por** los excesos de los liberales. (Los excesos de los liberales causaron la situación del poderío conservador.)

Los Congresistas legislan **para** el pueblo. (El pueblo recibe la acción de los Congresistas.)

EJERCICIO

lunes

Complete las siguientes oraciones con **por** *o* **para**, *según convenga:*

1. Rusia y los Estados Unidos luchan ___por___ la supremacía. **2.** Con la revolución bolchevique comenzó una nueva era ___para___ Rusia. **3.** La libertad de palabra es un derecho disfrutado ___por___ los demócratas. **4.** En los Estados Unidos la Prensa tiene libertad ___para___ publicar lo que quiera. **5.** Los dictadores, tarde o temprano, son derrocados del poder ___por___ los hombres amantes de la libertad. **6.** Algunas reformas favorecen a las empresas, pero éstas son ___para___ los obreros. **7.** El país sufre ___por___ lo que hicieron los comunistas. **8.** El sistema democrático es bueno ___para___ los hombres que aman la libertad. **9.** ¿Cree usted que el comunismo es la solución ___para___ todos los males? **10.** En Rusia, el pueblo no puede votar ___por___ sus gobernantes.

EJERCICIO ESPECIAL ───────────────────

Hay muchos términos o denominaciones para los distintos sistemas, doctrinas y categorías de gobiernos y los gobernantes que lo forman. Veamos si con la ayuda del profesor podemos conocer algunos de estos términos o denominaciones:

1. En general, el que gobierna es un **gobernante**. Si su gobierno es un **reino**, él es un _____; su esposa es una _____; los hijos son _____ y las hijas son _____. También a los reinos se les conoce con el nombre de **monarquía**, y entonces al rey también se le puede llamar _____. **2.** En la lista de la **aristocracia** hay muchos _____ y nobles. Un _____ ejerce dominio sobre un **condado**; un _____ domina en su **ducado**; un _____ gobierna en su **baronía**; un _____ rige su **marquesado**. En España un noble de menos importancia es un **hidalgo**. **3.** Si no se habla de la nobleza o de un reino, el gobierno puede ser de tipo democrático, es decir, una **democracia**. El líder de ésta se llama _____, porque preside su nación. **4.** En Inglaterra el **Primer Ministro** gobierna o dirije al país. El que está al frente del **Ministerio de Educación** se llama _____ de Educación. El **Ministro del Trabajo** tiene a su cargo el _____ del Trabajo. **5.** Hay diferentes nombres para las **Casas** o **Cámaras Legislativas**. En muchos países existen los llamados **Congresos**, generalmente compuestos por un **Senado** y una **Casa** o **Cámara de Representantes**. En general, los miembros del **Congreso** se llaman _____. En particular, los que componen el **Senado** son los _____, y los que integran la **Cámara de Representantes** son los _____. **6.** En Inglaterra tenemos el **Parlamento**, compuesto por la **Cámara de los Lores** y la **Cámara de los Comunes**. En general, los miembros del Parlamento son los _____. **7.** Un **imperio** se gobierna por un _____. En las dictaduras gobiernan los _____, que algunas veces se llaman **caudillos**. **8.** En las tribus de indios, particularmente en los Estados Unidos, el líder supremo se conoce con el nombre de _____. **9.** Hay partidos políticos en la mayor parte de los países. En los Estados Unidos tenemos los **republicanos** y los **demócratas**. Vemos en estos nombres la forma de gobierno que estimamos mucho: la _____ y la _____. **10.** Claro que uno que cree en el **comunismo** es _____, mientras que el que es partidario del **socialismo** es _____. Uno que quiere cambiar el sistema actual inmediatamente es un _____. Si quiere un cambio más ordenado y lento es un _____, y su doctrina se llama el **liberalismo**. Si quiere cambiar poco y conservar el sistema actual es un _____, y su sistema es el **conservadurismo**. A veces puede llamarse un **moderado**. **11.** El que reacciona contra el progreso se llama _____. Los de **derecha** son _____, y los de **izquierda** _____. Los que no dependen o no están afiliados a ningún partido son los _____. **12.** Hay algunos que creen en la **anarquía**; éstos son _____. **13.** Las **repúblicas** suelen estar divididas en **estados** o en **provincias**. México está dividido en estados. España y Francia, por ejemplo, están divididas en provincias. El gobernante máximo de un estado se le conoce con el nombre de _____. En las provincias también el gobernante que las representa es el _____. **14.** Las ciudades están dirigidas, generalmente, por el _____. En muchas ciudades existe una casa legislativa local, y los miembros de ella se llaman _____. **15.** Los **militaristas** prefieren un sistema _____.

La paz y la guerra

CAPITULO 9

La paz

¿Logrará el hombre, algún día, alcanzar y establecer la paz sobre la faz de la tierra? En todos los tiempos, en todas las épocas, se han realizado grandes esfuerzos por los hombres pacifistas, a fin de obtener ese gran anhelo, esa gloriosa meta, que parece inalcanzable. Instituciones laicas con fines de paz laboran diariamente con ese propósito. Todas las religiones del mundo abogan por la paz, y en general, salvo contadas excepciones, todos los gobiernos dicen querer la paz.

Sin embargo, a pesar de esto, la realidad es que el mundo ha vivido muchos más períodos de guerra que de paz, y aun en estos pequeños lapsos de paz, ésta se ha visto constantemente amenazada por el espectro de la guerra. No hay dudas que el hombre se afana por obtener una paz duradera. Podemos citar dos ejemplos de estos esfuerzos: las Naciones Unidas es una organización mundial cuyo objetivo principal y casi único es la preservación de la paz; los Estados Unidos ha creado esa bella y ejemplar institución llamada Cuerpo de Paz que realiza una labor de acercamiento, ayuda y entendimiento entre todos los pueblos y que, como su nombre lo indica, es eminentemente pacifista.

Aun cuando la meta parece estar muy lejos, y son muchos los obstáculos que, desgraciadamente, se interponen para alcanzarla, la humanidad siempre vive con la esperanza de que algún día se logre la ansiada paz.

PREGUNTAS

1. ¿Por qué no se ha logrado nunca la paz entre los hombres?
2. ¿Se ha progresado algo en los intentos de paz?
3. ¿Conoces alguna religión que no sea amante de la paz?
4. ¿Qué idea tienes del Cuerpo de Paz de los Estados Unidos?
5. ¿Logrará las Naciones Unidas establecer la paz en el mundo?
6. ¿Conoces algún período en la historia de la humanidad en el cual haya habido paz?

La guerra

Guerra. Guerra. Guerra. Siempre guerra. Matándonos los unos a los otros. El peor y más feroz enemigo del hombre es el hombre mismo. Y las guerras, ¿son una necesidad, producto de la misma convivencia humana? Siempre ha habido guerras. ¿Quiénes y qué provocan las guerras entre naciones, entre hombres de un mismo pueblo? Guerras internacionales, guerras civiles—peores aún que las primeras.

Hay quienes hablan de guerras justas, de guerras santas, de guerras necesarias. Este tema de la guerra es quizás uno de los más difíciles de tratar, de analizar, de argumentar, debido a que se presta a las más disímiles opiniones, todas las cuales pueden tener una gran parte de razón, de verdad.

¿Qué análisis podemos hacer, en términos generales, de la guerra? Pudiéramos considerar, en primer lugar, que en toda guerra siempre hay, por lo menos, dos bandos, grupos o naciones que luchan unos contra los otros. Uno es el agresor, el otro es el agredido. Igualmente se considera por ambos que la razón o que una causa justa los acompaña, no importa si se es el agresor o el agredido. Tomemos por ejemplo cualquier guerra, digamos, la Segunda Guerra Mundial. Hitler y, posiblemente, el pueblo alemán de buena fe, creyeron que la guerra por ellos iniciada era una guerra justa, necesaria, a fin de resolver cuestiones vitales para ellos, y por eso no vacilaron en atacar a las naciones vecinas; éstas, creyéndose injustamente agredidas, se aprestaron a la defensa de sus territorios.

Otro ejemplo es la crisis del Medio Oriente. Las naciones en conflicto, creen que la razón está de su parte. Y así, todas las guerras. Así, igualmente, vemos como el hombre se interesa, cada día, por inventar nuevas armas, más potentes, más destructivas: cohetes dirigidos, aviones de bombardeo, buques de guerra como los portaaviones, acorazados y cruceros, tanques, cañones, ametralladoras, rifles automáticos, napalm, todo esto sin contar las bombas de energía nuclear que constituyen una terrible amenaza para la humanidad.

PREGUNTAS ——————————————————————————————————

1. ¿Estima usted que la guerra es una necesidad social? Explíquese.
2. ¿Podrá acabarse con las guerras en el futuro?
3. ¿Qué remedios aconseja usted para acabar con las guerras?
4. ¿Cree usted que las guerras antiguas eran más feroces, destructoras y crueles que las guerras modernas?
5. ¿Qué opina usted de los armamentos? ¿Qué armas son más mortíferas, las antiguas o las modernas?
6. En su opinión, ¿quiénes son los principales culpables de que existan guerras?

V·O·C·A·B·U·L·A·R·I·O

a pesar de   contra la voluntad o deseo de alguien

abogar   defender

acercamiento   acción de acercarse o de poner a menor distancia

acorazado   buque o barco de guerra muy grande

afanar   trabajar fuertemente para un objetivo

agredido   el que es objeto de un ataque

alcanzar (*fig.*)   lograr, tener éxito

amenazar   dar alguna indicación de un ataque o peligro

ametralladora   arma automática que dispara muy rápido

ansiado   deseado, querido

aprestar   usar lo necessario para algún objetivo

aún   todavía

cohete (el)   proyectil lleno de explosivos que se lanza en el aire

crucero   buque o barco de guerra bastante grande

disímil   diferente, distinto

ejemplar   que sirve de ejemplo o modelo

faz (la)   cara, rostro, superficie

inalcanzable   que no se puede obtener

interponer interpolar, poner una cosa entre otras	aviones y puede lanzarlos al aire
laico no religioso, seglar	**prestar** dar
meta fin, objetivo	**salvo** excepto
mortífero que puede causar la muerte	**sin embargo** no obstante, que no sirve de impedimento
portaaviones (el) buque de guerra que lleva	**vacilar** dudar, oscilar

REPASO GRAMATICAL

17. Los adjetivos calificativos en español

En general, los adjetivos calificativos en español concuerdan en género y número con el nombre que califican. Regularmente el adjetivo calificativo sigue al nombre.

La Organización de las Naciones **Unidas** es un organismo **mundial**.

Hay casos en los que el adjetivo se antepone al nombre, cuando se le quiere dar énfasis a la cualidad o cuando esa cualidad es inherente o característica del nombre.

Esperamos que se logre la **ansiada** paz.

Ese **ejemplar** organismo que es el Cuerpo de Paz.

También es posible, en los casos en que dos o más adjetivos calificativos describen o distinguen un nombre, anteponer unos y colocar otros después del nombre de que se trate.

La **funesta** y **terrible** guerra **civil** destruyó la nación.

El **honorable** señor **secretario** de Defensa Nacional.

Otras veces se pueden anteponer dos o más adjetivos al nombre, o colocarlos todos después del nombre.

El **gran estadista norteamericano** F.D. Roosevelt murió en 1945.

La guerra **civil norteamericana** se inició en el año 1861.

En realidad, la lengua española goza de mucha flexibilidad y liberalidad en cuanto a la posición de los adjetivos calificativos, admitiendo toda clase de combinaciones. Su posición depende más bien de un sentido estético de sonido, de ritmo, y de buen gusto.

EJERCICIOS

A. *Agregue a las siguientes oraciones el adjetivo calificativo que se da en paréntesis, cuidando que concuerde en género y número con el nombre:*

Modelo: El **mundo** aboga por la paz. (religioso)
El mundo **religioso** aboga por la paz.

1. Todos queremos alcanzar la **meta** de la paz. (glorioso) **2. Instituciones** también laboran diariamente. (laico) **3.** Salvo **casos**, todos los gobiernos dicen querer la paz. (extraordinario) **4.** Los **cohetes** destruyeron la ciudad. (dirigido) **5.** El tópico se presta a **opiniones**. (disímil) **6.** Una **causa** es necesaria para la guerra. (justo) **7.** La guerra es una **amenaza** para la humanidad. (terrible) **8.** El **Oriente** está en crisis. (Medio) **9.** Las **naciones** quieren la paz. (vecino) **10.** Las **armas** son más mortíferas. (nuevo)

B. *Agregue a las siguientes oraciones los adjetivos calificativos que se dan en paréntesis, cuidando que concuerden en género y número con el nombre:*

Modelo: El Mensaje de Gettysburg (extraordinario, bello)
El **bello** y **extraordinario** Mensaje de Gettysburg.

1. El **discurso** del Secretario de la ONU. (brillante, elocuente) **2.** La **bomba** destruyó la ciudad de Nagasaki. (terrible, mortífero, atómico) **3.** El conflicto de Corea fue una **guerra**. (justo, necesario). **4.** Los **rifles** son muy efectivos. (poderoso, automático) **5.** El **ejército** ganó la batalla. (valiente, estadounidense) **6.** El Cuerpo de Paz es una **institución** (bello, ejemplar) **7.** Todos queremos una **paz**. (estable, duradero) **8.** Los **hombres** luchan por la paz. (pacifista, religioso) **9.** La **Fuerza** bombardeó la ciudad de Berlín. (Aéreo, inglés) **10.** El **buque** navega por el Mediterráneo. (gigantesco, portaaviones)

Prediciendo el futuro

CAPITULO **10**

El horóscopo

Desde que nuestros primeros padres las vieron, las estrellas han sido objeto de maravilla y asombro, fascinándonos con sus luces, brillantez y hermosura. Las civilizaciones de Caldea, India, Persia, Roma, Grecia y Egipto creyeron que, de alguna manera, los astros tan lejanos podían influir la vida de los seres humanos, y que estas influencias se podían conocer si el astrólogo sabía la posición de las estrellas respecto al nacimiento de la persona interesada en el conocimiento de su futuro.

El concepto de la astrología no debe confundirse con la astronomía, la cual es el estudio de las estrellas y los otros cuerpos celestes. En cuanto a

65

la astrología hay dos opiniones extremas. Una dice que no es nada científico sino un engaño o superstición que el hombre ha querido creer por su propia necesidad o sus intereses egoístas. Los que se oponen a la astrología afirman que la creencia en ella es igual a creer en la baraja de naipes; es decir, que algunos pedazos de papel con varios símbolos pueden predecir o pronosticar el futuro. El otro extremo es el que pone toda fe en el horóscopo. Sus seguidores creen cada afirmación, dejándose guiar por cada predicción, como si fuera un hecho que sólo necesitaba tiempo para convertirse en realidad.

Entre los dos extremos hay muchas personas que los tratan con curiosidad, burlándose de sus pronósticos pero, al mismo tiempo, pensando que si tanta gente cree en ella, puede ser que haya razón. La curiosidad y la mera posibilidad intrigante motivan a la mayoría de los lectores de los horóscopos que aparecen en los diarios y las revistas actuales. Parece que siempre perdurará la creencia en la astrología hasta que nosotros perdamos la curiosidad en lo que nos espera en el futuro tan incierto.

PREGUNTAS

1. ¿Qué es la astrología?
2. ¿Cree usted que el planeta Tierra es el centro del universo? Explique.
3. ¿Qué concepto tiene usted del universo?
4. ¿Qué es la astronomía? ¿Ha tomado usted algún curso de astronomía?
5. En términos generales, ¿cree usted que existe algún medio por el cual es posible predecir el futuro?
6. ¿Le preocupa a usted el futuro? ¿Le gustaría saber lo que le espera en el porvenir?

Creo en el horóscopo

No cabe la menor duda de que las estrellas y los planetas pueden predecir o tal vez simplemente indicar el futuro de cualquier ser humano. Sé que algunos no lo quieren creer, pero ese es un caso de pura ignorancia. Si ellos supieran cuántas veces los escépticos cambiaron su parecer después de darse cuenta de que los pronósticos trazados se hicieron realidad. Si hubieran prestado atención, habrían podido evitar desgracias o tal vez habrían podido aprovecharse de una oportunidad imprevista. Pero como tantos otros, a través de toda la historia, ellos se burlaron de esa "superstición" primitiva. Si es tan ridículo creer en el horóscopo, ¿por qué ha durado tantos siglos y en tantas civilizaciones el estudio de las estrellas y la influencia que ejercen en nuestras vidas?

Científicamente sabemos que la luna y el sol causan el movimiento de las mareas, así que nadie puede dudar que hay fuerzas celestes que afectan la vida terrestre. ¿Cómo sería este planeta si no fuera por el calor, la luz, la hermosura del sol, los otros planetas y las estrellas? Claro que no habría vida aquí, sería un planeta muerto. Asimismo, se puede comprobar las influencias de los cuerpos celestes en nuestras vidas. Hay millones de ejemplos de individuos que nos pueden decir que lo que ha pasado en sus vidas fue predicho por algún astrólogo que trazó su horóscopo. Conozco a un hombre que no creía en el horóscopo pero por chiste o capricho decidió consultar a un astrólogo, quien le trazó su tabla. Lo que le dijo esa noche lo sorprendió, haciéndole maravillarse. Adivinó que, según la posición de los planetas, el año 1976 habría de ser un desastre personal para él; pero que poco a poco recobraría su buena suerte, hasta que en el año 1980 comenzaría a notar un cambio extraordinario. Efectivamente, así fue. El hombre confesó que en el '76 se había divorciado y había perdido todos sus bienes materiales, hasta el punto de tener que ir a vivir a casa de su hermano menor. Ese año perdió su negocio y sus ahorros. Admitió que en el año 1980 su situación cambió radicalmente y su posición económica comenzó a mejorar, alcanzando una época próspera.

Esta historia podría repetirse millones de veces cada día, porque el destino ya está escrito en las estrellas. Somos nosotros los temerosos, los que no queremos saber, los que preferimos seguir viviendo en nuestra propia ignorancia, en la obscuridad. Pero los que queremos saber podemos leerlo todo y descubrir los secretos que allá, en el infinito, están expuestos.

PREGUNTAS

1. ¿Cuál es su opinión sobre la función de las estrellas y demás cuerpos celestes?
2. ¿Cómo explicaría usted que las estrellas y planetas influyen en la vida de los seres humanos?
3. ¿Ha consultado usted, alguna vez, a un astrólogo? ¿Por qué?
4. ¿A que signo del Zodíaco pertenece usted, y cuáles son las características generales de las personas nacidas en él? ¿Cree usted que corresponden a su personalidad?
5. ¿Ha tenido usted alguna experiencia personal sobre la eficacia del horóscopo, o conoce algún caso de un amigo o familiar?

La astrología es una falacia

El otro día, un amigo mío estaba muy emocionado porque su horóscopo indicaba que el tiempo le era propicio para adelantos en sus finanzas, lo que significaba para él que su más reciente aventura financiera iba a salir bien, sin la más ínfima posibilidad de fracaso. Estaba tan embullado que apenas podía contenerse. El día anterior había ido a ver a un astrólogo (quien le cobró $250.00) que le trazó una tabla bien detallada y completa, explicando que si quería prosperar en sus asuntos financieros, tenía que arriesgarse pronto para no perder las oportunidades que se le presentaban. Así es que se arriesgó.

Me quedé mirándolo incrédulamente. Mi amigo, tan cuerdo, sensato y moderno y, sin embargo, creyendo todo lo que le había dicho un "astrólogo", entregándose por completo a una persona que le decía que todo estaba escrito en las estrellas. Esto parecía, más bien, una escena de la Edad Media. Yo pensaba que los únicos que confiaban en el horóscopo eran aquellos a los que les faltaba la confianza en sí mismos, los que preferían saber que el control de su destino estaba en los poderes de otras fuerzas mayores y misteriosas, a fin de no tener que admitir sus propios fracasos.

Los astrólogos profesionales saben que cada uno de nosotros quisiera echar una miradita al futuro, a menos que no sea desastroso, y así por sus pronunciamientos pseudocientíficos tratan de convencernos de que el futuro es lo que ellos ven en su "bola de cristal".

De vez en cuando miro el horóscopo de mi signo en el periódico local, para ver lo que el futuro me está preservando. Las predicciones siempre me causan gracia. Por ejemplo, el otro día me decía que atendiera con más esmero el presupuesto del hogar, para evitar dificultades venideras. Me dijo que podría sufrir derrotas al respecto. Los que me conocen, pueden asegurar que soy un tipo muy cuidadoso y precavido en mis asuntos financieros. Otro día me dijo que debía ser más sensible a las necesidades de mis seres amados. ¡Qué basura! Siempre trato de ser así.

Creer en la astrología es igual que creer en los naipes de la baraja que nos pueden decir los secretos del porvenir, o en las líneas de la palma de la mano que tienen todos los secretos de nuestras vidas inscritos allí, esperando que alguien los interprete. Me pregunto, ¿por qué las líneas de las manos y no las arruguitas de las rodillas? Pero si no queremos mirar las estrellas, siempre podemos recurrir a una bola de cristal o, después de tomar un té, leer las hojitas que quedan en la taza.

Las estrellas y los planetas nos dan luz y calor y nos pueden inspirar a escribir versos románticos, pero su posición en el firmamento no determina mi destino, que está en mis propias manos o, quién sabe, fuera de mi control.

PREGUNTAS

1. En su opinión, ¿tiene la astrología alguna base científica? ¿Por qué?
2. ¿Sabe usted cómo funcionan las llamadas "bolas de cristal"?
3. ¿Qué opinión tiene usted de los palmistas? ¿Cree usted que las líneas en la palma de la mano puedan predecir algo?
4. ¿Cree usted que la interpretación de los naipes de la baraja pueda predecir el futuro?
5. ¿Qué puede decirnos usted de Miguel de Nostradamus?

V·O·C·A·B·U·L·A·R·I·O

adelanto progreso, aumento

adivinar conocer una cosa presente, pasada o futura por arte de magia

ahorro acción de ahorrar, economizar o evitar un trabajo

alcanzar llegar a tener algo que se desea

apenas casi no

arrugas rugosidad de la piel

asombro admiración

atender prestar atención

baraja conjunto de cartulinas con que se juega, por ejemplo, el ''bridge''

basura que no tiene valor de ninguna clase

burlarse no tener respeto o consideración para alguien

cambiar sustituir, convertir

capricho deseo o propósito no fundado en causa razonable

chiste frase que provoca risa

consejo cosa que se dice a alguien sobre lo que debe o no debe hacer

contenerse esforzarse para no exteriorizar un estado de ánimo

creyente la persona que cree

cuerdo persona con facultades mentales normales, inteligente

desastre catástrofe, calamidad

desgracia suceso que causa padecimiento moral, material o espiritual

ejercer hacer actuar algo sobre cierta cosa

embullado animado a hacer algo que estima bueno

engaño falta de verdad en lo que se dice, hace, cree o piensa

fracaso resultado adverso o negativo de un asunto o empresa

hoja cada una de las partes, generalmente verdes, planas y delgadas de las ramas en los vegetales

lejano distante, apartado

marea movimiento de ascenso y descenso de las aguas del mar

nacimiento acción y efecto de iniciar la vida

naipe cada uno de las cartulinas o cartones de la baraja o cartas

parecer opinar, creer

pedazo parte de un todo

perdurar subsistir, mantenerse en un mismo estado

periódico impreso que se publica generalmente todos los días

precavido que sabe prevenir un riesgo, daño o peligro

predicar predecir lo futuro, manifestar una cosa

presupuesto cómputo anticipado de los gastos de una nación, familia, etc.

pronosticar predecir lo futuro

recobrar volver a tomar o adquirir lo que antes se tenía

revista publicación periódica con escritos sobre varias materias o sobre una sola

rodilla parte del cuerpo que une al muslo y la pierna

siglo período de tiempo de cien años

tipo persona, individuo

tabla pieza que se usa para pronosticar el futuro

trazar (*fig.*) describir, exponer los rasgos de una persona o asunto

REPASO GRAMATICAL

18. Uso del gerundio en las formas o tiempos progresivos

En español, al igual que en inglés, las formas o tiempos progresivos se forman con el gerundio* del verbo principal conjuntamente con el verbo auxiliar **estar**, u otros de equivalente valor, como son **ir**, **seguir**, **andar**, **venir**, etc.. Los tiempos progresivos se usan en español para indicar que la acción se produce en forma contínua en un momento dado, ya sea presente, pasado o futuro.

La posición de las estrellas **está determinando** mi futuro.

El astrólogo **iba trazando** su horóscopo.

Los palmistas **seguirán leyendo** las líneas de las manos.

EJERCICIO

Cambie las siguientes oraciones a la forma progresiva, usando como verbo auxiliar el que se indica en paréntesis:

Modelos: Los astrólogos pronostican el porvenir (seguir).
Los astrólogos **siguen pronosticando** el porvenir.
Mi amigo recobró su buena suerte (ir).
Mi amigo **fue recobrando** su buena suerte.

---

* En inglés, el **gerundio** español equivale al llamado *present participle*.

1. Mi creencia en la astrología aumenta todos los días (continuar). **2.** Los astró-
nomos estudian los cuerpos celestes (seguir). **3.** Los lectores de los horóscopos
examinan todas las predicciones (venir). **4.** Tú te burlas de los que creen en los
palmistas (estar). **5.** Pienso que todo esto es una falacia (continuar). **6.** Mis
amigos siguen el curso de las estrellas (ir). **7.** Ella recobró su buena suerte (estar).
8. Los astrólogos buscan personas que confíen en ellos (andar). **9.** Los
adivinadores engañan a los que quieren conocer el futuro (venir). **10.** Nosotros
comenzamos a dudar de los astrólogos (estar).

19. Otros usos del gerundio

A. Con función adverbial

En estos casos el uso del gerundio puede expresar la manera, medio o
causa de hacer algo, y también puede expresar las circunstancias o condiciones presentes en el momento en que la acción del verbo principal tiene
lugar.

> **Mirando** las estrellas pensé en el misterio del universo
> (circunstancia).
>
> **Siendo** creyente no necesito su consejo (condición).
>
> **Yendo** en avión veo la luna más brillante (medio).
>
> Conoció su futuro **visitando** a un astrólogo (causa).
>
> Aprendió astronomía **tomando** un curso en la Universidad (manera).

EJERCICIO ───────────────────────────

Conteste las siguientes preguntas con oración completa:

1. ¿De qué manera se conoce el futuro, leyendo el horóscopo o consultando a un
palmista? **2.** ¿Cómo se puede ganar mucho dinero, trabajando o jugando?
3. ¿Cómo podemos conocer mejor la historia, estudiando o hablando con un astrólogo? **4.** ¿De qué forma llegaremos más pronto a Venus, yendo en un cohete o
viajando en la máquina del tiempo? **5.** ¿En qué circunstancias conociste la
verdad, leyendo el periódico o viendo la televisión? **6.** ¿Cómo es posible ver
mejor la constelación, mirando a través de un telescopio o subiendo a una montaña? **7.** ¿En qué forma se puede ganar una fortuna, trabajando o prediciendo el
futuro? **8.** ¿Cómo se puede conocer mejor a una persona, hablando con ella o
preguntando a un adivinador? **9.** ¿Cómo te diviertes más, bailando en una dis-
coteca o contemplando las estrellas? **10.** ¿Cómo te gustaría pasar el tiempo, viajando a la luna o probando fortuna en Las Vegas?

B. Con verbos de percepción

También es frecuente el uso del gerundio con ciertos verbos de percepción como **ver, oir, sentir, escuchar, mirar, observar**, etc.. Aunque en estos casos también puede usarse el infinitivo, se prefiere el gerundio cuando se le quiere dar mayor fuerza a la acción a que se refiere. Nótese que en estos casos hay dos sujetos: el que percibe y el que realiza la acción indicada por el verbo en gerundio.

Vimos a Andrés **consultando** (consultar) al astrólogo.

Miro las estrellas **brillando** (brillar) en el cielo.

Observé al astrónomo **estudiando** (estudiar) la luna.

EJERCICIO

Diga las siguientes oraciones, cambiando la forma del infinitivo por la del gerundio, a fin de dar mayor fuerza a la descripción de la acción:

1. Escuchamos al astrólogo hablar del futuro.   **2.** Vimos a nuestros amigos consultar el horóscopo.   **3.** Pronto veré la luna brillar en el horizonte.   **4.** Ayer te oí discutir acerca del planeta Marte.   **5.** Lo ví leer su revista favorita.   **6.** Escuché a mi papá hablar de la astronomía.   **7.** ¡Mira un meteorito cruzar el espacio celeste! **8.** He visto a muchas personas salir del consultorio.   **9.** Observamos a los palmistas leer las líneas de las manos.   **10.** ¿Has oído alguna vez alguien discutir sobre la existencia de otro universo?

CAPITULO 11

El médico debe operar

Estamos en la sala de emergencias de un hospital cualquiera. De repente se oye el sonido de una sirena y luego aparece una ambulancia. Las puertas se abren y los encargados descargan una camilla donde <u>se ve</u> tendido un niño de unos diez u once años. Lo encontraron desmayado de dolor en la calle, sufriendo un ataque de apendicitis.

El médico de guardia ordena que lo lleven a la sala de operaciones para intervenirlo quirúrgicamente. Pero en camino a la sala de operaciones una enfermera mira al muchacho y lo reconoce como el hijo de los señores Fulano, miembros de una estricta secta religiosa cuyas doctrinas prohiben toda intervención médica, hasta la aspirina. Para ellos Dios es la única cura. Es la primera vez que el médico se encuentra en esta situación, en este dilema. Si notifican a los padres es posible que el niño muera. Si operan, el hospital y el médico podrían verse acusados. ¿Qué hacer?

En este caso no hay más que pensar. El derecho del niño de vivir trasciende cualquier otro derecho y consideración. ¿Qué ley es más natural y trascendente que la de conservar la vida? El muchacho, bajo estas circunstancias, no podría contestar, pero no hay duda que querría vivir, y él tiene este derecho natural de vivir. ¿Pueden los padres negárselo? No, porque es igual que matarlo, y ningún padre tiene el derecho de matar. Ningún estado o persona puede decirle a otro que tiene que morir, a menos que por algún crimen serio merezca la ejecución oficial de la pena de muerte. Las creencias de los padres interfieren con los derechos naturales del niño, y en este caso tienen menos fuerza. No niego que los padres tienen el derecho de seguir su conciencia, pero en este caso una creencia personal niega a otro un derecho más fundamental.

También el médico tiene su propia responsabilidad de salvar la vida. Esto juró cuando se hizo médico. El tiene que hacer todo lo posible por salvar una vida, y en el supuesto caso que estamos contemplando, bien sabe que el niño morirá sin su ayuda.

Siendo pragmatista yo diría que debe operar y luego comunicarse con los padres, diciéndoles que el caso era tan grave que no había otra alternativa sino operar para salvarle la vida, aunque no tuviese el permiso de ellos.

PREGUNTAS

1. ¿Cree usted que existe algún otro derecho más importante o esencial que el derecho a la vida?

2. En el caso expuesto, ¿el médico ha actuado correctamente, operando al muchacho?

3. ¿Existe, en efecto, alguna religión o creencia que impida el uso de drogas o medicinas, o intervención médica, para la cura y atención de las personas enfermas?

4. En el caso que nos ocupa, ¿debe tener éxito una reclamación judicial de los padres contra el médico que salvó la vida del niño?

5. Y, si por circunstancias especiales, el niño muere a consecuencia de la operación, ¿cuál sería la situación del médico?

El médico no debe operar

Aunque a veces sea triste y hasta trágico, hay ciertos derechos en la vida que no se pueden negar, no importa las consecuencias. Uno de estos es el de los padres a decidir sobre sus hijos menores.

En nuestra sociedad, es la familia el núcleo más básico, la base de nuestra civilización, y en los asuntos familiares son los padres los que deciden para la familia. Como bien sabemos, somos débiles, ignorantes, y aun crueles, pero en el palacio más lujoso o en la barraca más pobre, ningún otro puede mandarnos en nuestro hogar. Ni el estado, ni la iglesia, ni un dictador, ni un abogado, ni un médico, por sabios que sean. El padre es rey en su casa, y en la triste emergencia a que nos hemos referido en el tema anterior, es el padre el que tiene la responsabilidad para con sus hijos. A veces va a decidir mal, pero nadie le puede negar el derecho de seguir su conciencia, aun cuando esté equivocado. En este caso, el médico si no llama a los padres está invadiendo la casa de los Fulano, quitándoles o asumiendo derechos que no son suyos.

¿Podríamos permitir que alguien entrara en nuestra casa y que nos dijera que no le gusta como criamos a nuestros hijos, o que no debiéramos haber comprado tales muebles porque no son tan buenos, o que tuviéramos que mirar cierto programa de televisión? Claro que no, porque tenemos la libertad de criar a nuestros hijos como queramos o comprar los muebles que nos gusten, aunque no sean del gusto de otros, o mirar el programa de televisión que nos agrade.

En cualquier aspecto de la vida siempre hay alguien que sabe más que nosotros, pero al final somos nosotros los que decidimos para nosotros mismos, sea la decisión buena o mala. Si nos equivocamos tenemos que sufrir las consecuencias.

En el caso que estamos estudiando tal vez se equivoquen los padres por sus creencias religiosas, pero tenemos que darles el derecho de hacer lo que crean justo y apropiado.

PREGUNTAS

1. Si usted fuera médico, en un caso como el expuesto, ¿llamaría a los padres del niño y pediría permiso para operar? Y si los padres no dan el permiso, ¿que haría usted?

2. ¿Piensa usted que el derecho de familia de los padres sea tan amplio que le permita decidir sobre la vida o la muerte de sus hijos?

3. ¿Conoce usted algún caso real, similar al expuesto en este tópico? En la afirmativa, ¿cómo se resolvió?

4. ¿Está usted de acuerdo en que los padres tengan el derecho absoluto a decidir la conducta y las acciones de sus hijos menores?

5. ¿Qué método o sistema es el mejor para gobernar o dirigir la familia? ¿Debe hacerse la voluntad de los padres sin discusión? ¿Tienen los hijos derecho a discutir con sus padres los asuntos familiares?

[diez palabras] (handwritten)

dar de alta – to release from hospital (handwritten)
ingresar – "check in" en un hospital (handwritten)

V·O·C·A·B·U·L·A·R·I·O

Mi amiga siempre quiere agradar (handwritten)
en horas especiales (handwritten)

agradar gustar *funciona como gustar* (handwritten)

a menos que excepto

barraca casa pobre o humilde *chabola* (handwritten)

camilla cama ligera y móvil para transportar enfermos de un lugar a otro

cirugía arte de curar enfermedades por medio de operaciones *cirujano* (handwritten)

débil de poca fuerza, no fuerte

de repente inmediata-mente, sin aviso *de pronto* (handwritten)

descargar quitar la carga

desmayarse perder la conciencia o el sentido

encargado (el) alguien que tiene que hacer algún deber o responsabilidad

equivocarse cometer error

estar de guardia estar alerta, en espera de alguna emergencia o peligro

expuesto explicado, manifestado

impedir (i) interferir, ponerle obstáculos a uno

lujoso rico, acomodado

médico de guardia el primero que atiende los casos de emergencia

quirúrgico relativo a la cirugía

supuesto (el) caso hipotético

tender (ie) extender

trascendente lo que traspasa los límites

trascender (ie) traspasar los límites de cierta cuestión

Sobredosis = overdose (handwritten)
Suministrar = to administer (medicina) (handwritten)

REPASO GRAMATICAL

asilo → ancianos (handwritten)
manicomio → mental cases como Eastern State (handwritten)

20. Los pronombres indeterminados o indefinidos ALGUIEN y NADIE

Estos dos pronombres pueden ser sujetos u objetos de verbos, y también objetos de preposiciones.

Alguien se refiere a una persona indeterminada o indefinida, y su uso implica que la acción es de carácter afirmativo o positivo. **Nadie** tiene un sentido negativo e implica, por lo tanto, que la acción verbal no se lleva a efecto. Estos pronombres solamente se usan en singular, y son de tercera persona.

Alguien trajo al niño al hospital. (sujeto de verbo)

Nadie puede cambiar las creencias religiosas. (sujeto de verbo)

Vieron a **alguien** en el hospital. (objeto de verbo)

Hoy no operaron a **nadie** de apendicitis. (objeto de verbo)

(handwritten margin vocabulary, left column top to bottom:)
liver – hígado
lungs – pulmones
kidney – riñón
spleen – bazo
bladder – vejiga
quirófano
sala de operación – O.R.
gallbladder – vesícula
ribs – costillas
spine – columna vertebral
wrist – muñeca
rodilla
ankle – tobillo
calf – pantorrilla
neck – nuca
cráneo – skull
ombligo – belly button
codo – elbow

(handwritten bottom center/right:)
entrecejo – between eyebrows
ceja – eyebrow
pestañas – eyelashes
mejillas – cheeks
pómulo – cheek bone
barbilla – chin

El médico discutió con **alguien** el problema. (objeto de preposición)

No pude hablar con **nadie**. (objeto de preposición)

Es común en español, en los casos del uso de **nadie** como pronombre sujeto, el empleo del vocablo **no** para enfatizar el sentido negativo de la acción, anteponiendo en este caso el verbo al pronombre.

Nadie puede cambiar las creencias religiosas.

No puede **nadie** cambiar las creencias religiosas.

Nadie quiso ver al médico.

No quiso **nadie** ver al médico.

EJERCICIOS

A. *Cambie los sujetos nominales o pronominales de las siguientes oraciones, usando los pronombres **alguien** o **nadie**, según la oración sea afirmativa o negativa:*

Modelo: **La enfermera** llamó al médico.
Alguien llamó al médico.

1. El niño sufrió un ataque de apendicitis. **2. El padre** no permitió que hablaran del asunto. **3. La enfermera** reconoció al muchacho. **4. Los padres** tienen el derecho de decidir. **5.** No puedo creer que **el niño** muriera en la operación. **6. Nosotros** debemos decírselo. **7.** [**Nosotros**] no sabíamos quienes eran los padres. **8.** En este caso, **el médico** no debe operar. **9. El Estado** no tiene el derecho de matar. **10. El abogado** debe defender al médico que operó.

B. *Cambie los nombres o pronombres objetos de verbos u objetos de preposiciones usados en las siguientes oraciones por los indefinidos **alguien** o **nadie**, según el caso requiera:*

Modelos: Ví a **Tomás** en la sala de emergencias.
Vi a **alguien** en la sala de emergencias.
El médico **no** operó **al enfermo**.
El médico **no** operó a **nadie**.

1. ¿Le diría usted eso **al director del hospital**? **2.** El médico quiere ver a **la enfermera**. **3.** El Estado no puede negarles a **sus súbditos** el derecho a la vida. **4.** El cirujano no debe consultar con **los padres**. **5.** La enfermera no llamó **al padre**. **6.** El hospital notificó el caso a **la policía**. **7.** Esa religión tiene doctrinas que no le gustan a **usted**. **8.** ¿Quieres que le digamos a **Pedro** cómo debe criar a sus hijos? **9.** El médico está invadiendo la casa de **los Fulano**. **10.** No tengo el derecho de criticar a **la enfermera**.

21. Los indefinidos ALGUNO y NINGUNO

Estos dos vocablos tienen función adjetival o pronominal. Pueden referirse a personas o cosas indefinidas o indeterminadas.

Como adjetivos concuerdan en género y número con el nombre que modifican, y cuando se usan anteponiéndolos a un nombre masculino singular pierden la vocal final **o**. Regularmente estos adjetivos se usan anteponiéndolos al nombre.

¿Tiene usted **algún** derecho que reclamar?

No tengo **ningún** derecho que reclamar.

Algunas preguntas son difíciles de contestar.

No respondió **ninguna** pregunta.

Como pronombres, pueden ser sujetos u objetos del verbo, y su género dependerá del antecedente nominal a que se refieran. **Alguno** puede tomar la forma plural, aunque **ninguno**, por ser un negativo, generalmente se usa en singular.

¿Vinieron hoy **las enfermeras** a trabajar? (antecedente nominal)

Algunas vinieron. (pronombre sujeto)

Ninguna vino. (o) **No** vino **ninguna**. (pronombre sujeto)

¿Has visto a **los pacientes** hoy? (antecedente nominal)

He visto a **algunos**. (pronombre objeto)

No he visto a **ninguno**. (o) A **ninguno** he visto. (pronombre objeto)

Ya se ha dicho que el vocablo **ninguno** es negativo; da la idea de no existencia, por lo que regularmente se usa en la forma singular, con el nombre también en singular cuando **ninguno** tiene función adjetival. Sólo en casos poco frecuentes se usa en plural. Por ejemplo:

No tengo **ningunas** ganas.

Tampoco se usa **ninguno** en preguntas, a no ser que se espere una respuesta negativa.

¿**No** le queda **ninguna** pregunta que hacer?

¿**Ninguno** de los médicos quiere operar?

EJERCICIOS ─────────────────────────

A. *Cambie las siguientes oraciones, haciendo uso de* **alguno** *o* **ninguno** *como adjetivos según el caso, manteniendo el sentido afirmativo a negativo de la oración, de acuerdo con los modelos:*

Las religiones son buenas.   **Algunas** religiones son buenas.

La religión no es mala.   **Ninguna** religión es mala. (o)

No es mala **ninguna** religión.

1. Ciertos derechos de la vida son inviolables.   **2. Las** sociedades no son perfectas.   **3. Muchos** padres son ignorantes y crueles.   **4. El** Estado no debe decidir por nosotros.   **5. La** enfermera no puede sustituir al médico.   **6. Los** hospitales tienen pocos médicos y enfermeras.   **7. Todas** las creencias religiosas son buenas.   **8. Pocas** enfermedades son mortales.   **9. Las** leyes no pueden interferir con la educación de los hijos.   **10. Una** creencia personal no debe decidir este caso.

B. *Conteste las siguientes preguntas (1) negativamente, con adjetivo; (2) negativamente, con pronombre; y (3) afirmativamente, con pronombre; de acuerdo con el modelo:*

Pregunta: ¿Algunos médicos son malos?

Respuesta (1): No, **ningún** médico es malo.   (adjetivo)

Respuesta (2): No, **ninguno** es malo.   (pronombre)

Respuesta (3): Sí, **algunos** son malos.   (pronombre)

1. ¿Son difíciles de resolver algunas situaciones?   **2.** ¿Algunos padres tienen derechos sobre la vida de sus hijos?   **3.** ¿Algún derecho es más importante que el derecho de vivir?   **4.** ¿Deben algunos gobiernos intervenir en estos casos?   **5.** ¿Pueden algunas enfermeras sustituir al médico?   **6.** ¿Vinieron algunas enfermeras?   **7.** ¿Algunas personas creen que el médico no debió operar?   **8.** ¿Son muy rápidas algunas ambulancias?

22. Los indefinidos ALGO y NADA

Algo y **nada** tienen funciones de pronombres o de adverbios. Como pronombres, pueden ser sujetos u objetos de verbos. Como adverbios, generalmente modifican un adjetivo. **Algo** es afirmativo, mientras que **nada** es negativo. Ambos vocablos dan una idea indefinida o indeterminada, y sólo se usan en singular.

Algo está sucediendo en el hospital.   (pronombre sujeto)

Nada tiene importancia.   (pronombre sujeto)

¿Tiene usted **algo** para mi?   (pronombre objeto)

No tengo **nada** para usted.   (pronombre objeto)

La operación fue **algo** complicada.   (adverbio)

El médico actuó en forma **nada** científica.   (adverbio)

EJERCICIOS ───────────────────────────

A. Conteste en forma afirmativa, y luego negativamente, las siguientes preguntas:

1. ¿Se puede hacer algo por salvarle la vida?   **2.** ¿No haría usted nada antes de llamar al hospital?   **3.** ¿Tiene usted algo que decir en este caso?   **4.** ¿Sirve para algo que uno sea pragmatista?   **5.** ¿En este mundo algo vale la pena?   **6.** ¿Nada pudo decir el médico, después que el paciente murió?   **7.** ¿Hay algo mejor que salvar una vida?   **8.** ¿Quieres darme algo de comer?   **9.** ¿Está pasando algo en la sala de operaciones?   **10.** ¿Nada pudo hacer el abogado para defender al médico?

*B. Modifique las siguientes oraciones, añadiendo los adverbios **algo** o **nada,** a su conveniencia:*

> Modelo: El niño está mejor.
> El niño está **algo** mejor.
> El niño no está **nada** mejor.

1. Los padres están equivocados.   **2.** Esa religión es antigua.   **3.** La enfermera tiene una responsabilidad grande.   **4.** Eso no es importante.   **5.** El hospital tiene un salón de emergencia moderno.   **6.** La ambulancia llegó tarde.   **7.** Esa ambulancia no es moderna.   **8.** El médico está nervioso.   **9.** Este caso de emergencia ha sido difícil.   **10.** El otro caso no fue fácil.

23. Uso de los adverbios ALGUNA VEZ, NUNCA y JAMAS

Estos vocablos son adverbios. **Alguna vez** y su forma plural **algunas veces** son afirmativos; **nunca** y **jamás** son negativos, y prácticamente sinónimos.

Alguna vez se usa, regularmente, para preguntar acerca de la realización de una acción. Al responderse la pregunta en sentido afirmativo no debe repetirse o usarse esa expresión en su forma singular, aunque sí es posible usar su forma plural. Si la respuesta fuera negativa, podrá usarse **nunca** o **jamás. Nunca** o **jamás** pueden también usarse para formular preguntas, cuando la respuesta que se espera es también negativa: *¿Nunca ha estado usted en Nueva York? ¿Jamás ha visto un accidente?*

Pregunta: ¿Ha estado usted **alguna vez** en California?

Posibles respues-   Sí, he estado en California varias veces.
tas afirmativas   Sí, he estado en California solamente una
                   vez.
                   Sí, he estado en California **algunas** veces.
                   Sí, he estado en California dos veces.

Respuestas nega-   **No, nunca** he estado en California.
            tivas   **No, jamás** he estado en California.
                     No, **no** he estado **nunca** en California.
                     No, **no** he estado **jamás** en California.

EJERCICIO ─────────────────────────────

Conteste en forma afirmativa, y después negativamente, las siguientes preguntas:

1. ¿Nunca ha visto usted una operación de apendicitis?   **2.** ¿Han visitado sus padres alguna vez la Clínica de los Mayo?   **3.** ¿Ha ingresado usted alguna vez en un hospital?   **4.** ¿Hemos pensado alguna vez renunciar a nuestros derechos? **5.** ¿Ha viajado usted alguna vez en una ambulancia?   **6.** ¿Le ha dicho alguien alguna vez cómo debe criar a sus hijos?   **7.** ¿Nunca ha oído usted hablar de esa secta religiosa?   **8.** ¿Jamás ha criticado su padre a alguien por sus creencias religiosas?   **9.** ¿Ha tenido usted alguna vez un problema de conciencia?   **10.** ¿Has presenciado alguna vez un accidente?

¿Quién soy?

Anoche, cuatro jóvenes estaban charlando sobre diversos tópicos, inclusive el futuro, los estudios y los héroes. Pedro, un muchacho muy serio, iba a decirles a los otros quién era el que él admiraba más en la historia, pero en el momento en que se dispuso a identificar a su héroe, Enrique, el payaso del grupo, le interrumpió diciéndole que era Hitler. Claro que estaba equivocado, pero los otros siguieron el juego; Manolo dijo que era George Washington y Pepe dijo que era Bolívar. Como ninguno de los tres adivinó la identidad del personaje, casi espontáneamente empezaron a hacerle preguntas a Pedro. Las preguntas hechas eran como las siguientes:

1. ¿Es usted hombre? *Sí.*
2. ¿Vive usted? *No.*
3. ¿Murió usted en este siglo? *No.*
4. ¿Murió el siglo pasado? *Sí.*
5. ¿Era usted estadounidense? *No.*
6. ¿Europeo? *Sí.*
7. ¿Era usted artista? *No.*
8. ¿Se metió usted en la política? *Sí.*
9. ¿Era usted famoso en la vida militar? *Sí.*
10. ¿También era usted un escritor famoso? *No.*
11. ¿Murió en batalla? *No.*
12. ¿Era usted un emperador, rey o primer ministro? *Sí.*
13. ¿Era usted de padres ricos? *No muy ricos.*
14. ¿Nació usted en el siglo XIX? *No.*
15. ¿Era usted inglés? *No.*
16. ¿Era usted italiano? *En cierto sentido, sí.*
17. ¿Nació usted en Francia? *No.*
18. ¿Era usted de baja estatura? *Sí.*
19. ¿Era usted emperador de Francia? *Sí.*
20. ¡Ah! Entonces, usted es Napoleón. *Sí.*

Como pueden apreciar, las preguntas han sido del tipo que tienen que contestarse con sí o no. No traten de averiguar el nombre con la primera pregunta; es mucho más lógico tratar de enterarse de algunos hechos, y poco a poco localizar al individuo.

Para llevar a efecto este juego, la clase puede dividirse en grupos de cinco o seis estudiantes, de modo que uno en cada grupo puede ser el seleccionador y otro el árbitro. Los tres o cuatro restantes deben hacerle preguntas, siendo ellos los adivinadores. El seleccionador debe contestarlas lo mejor que pueda con la ayuda del árbitro, quien puede resolver cuestiones de duda. El que adivine la identidad será el nuevo seleccionador, quien nombrará un nuevo árbitro, continuando así otro turno. En caso de que los adivinadores se den por vencidos porque no pueden adivinar, el seleccionador tomará otro turno hasta que los otros adivinen. Todos deben estar listos para dar tres o cuatro turnos, es decir, haber seleccionado a tres o cuatro personajes conocidos.

Algunas sugerencias para el juego ¿Quién Soy?

A los efectos de facilitar la selección de personajes famosos, se ofrece a continuación una lista de algunas de las distintas actividades, profesiones o posiciones que han podido desarrollar en su vida los miles de personas que han pasado a la historia, o que viven en la actualidad y ya han adquirido fama nacional o internacional:

presidentes	políticos	soldados
reyes, reinas	dictadores	primer ministros
emperadores,	artistas	pintores
emperatrices	poetas	dramaturgos
escritores	escultores	inventores
novelistas	arquitectos	revolucionarios
científicos	futbolistas	beisbolistas
actores, actrices	compositores	personajes de ficción
cantantes	músicos	idealistas
estrellas de	filósofos	millonarios
televisión	profetas	estrellas del cine
criminales famosos	hombres de negocio	

REPASO GRAMATICAL

24. El verbo SER y sus usos

El verbo **ser** es, tal vez, el más fundamental de los verbos, porque indica la existencia, o falta de ella, de una persona o cosa.

1. Identidad o identificación.

El verbo **ser** identifica o nombra a una persona o cosa:

¿Quién **es**? Creo que **es** Ernesto Mares.

¿Quién **fue** el general que tomó El Alamo?

Fue Santa Anna, no Porfirio Díaz.

¿Qué **es** esto? **Es** una discusión sobre la religión.

2. Definición

Para definir a una persona o una cosa se usa el verbo **ser:**

¿Qué **es** un gato? **Es** un animal doméstico, o un instrumento muy útil para cambiar la llanta de un automóvil.

¿Quién **fue** Porfirio Díaz? El **fue** dictador de México entre 1876-1910.

3. Características naturales o inherentes

Para describir una característica o propiedad que es natural, no accidental, de una persona o cosa, se usa el verbo **ser:**

a) Característica física:

Napoleón **era** bajo.

La ciudad de Madrid **es** grande y bonita.

Sus ojos **son** azules.

b) Característica intelectual:

Juárez **era** muy astuto.

Somos inteligentes pero no lo entendemos.

c) Característica de temperamento o emoción:

Ella **es** muy callada; casi nunca habla.

Los tigres **son** feroces, pero el que yo vi **era** manso.

d) Adjetivos de religión, nacionalidad:

> **Somos** católicos, pero **éramos** protestantes.
>
> ¿**Eres** cubano o puertorriqueño?

4. SER indica origen o material:

> Napoleón **era** de Córsica, no de Francia.
>
> ¿**Es** Francisco Franco de Madrid?
>
> Aunque la radio parece **ser** de madera, **es** de un plástico bonito.

5. El verbo SER denota posesión:

> ¿De quién **es** esta botella de vino?
>
> Creo que **es** mía, la otra **es** tuya.

6. Para referirse a la hora, el día, el mes, y el año se usa el verbo SER:

> ¿Qué hora **será**?
>
> **Serán** las dos, o tal vez **es** la una y media.

7. El verbo SER expresa donde tiene lugar una acción:

> ¿Dónde **fue** la gran derrota de Napoleón?
>
> ¿**Sería** en España? No, creo que **fue** en Waterloo.

EJERCICIO

Conteste, con oración completa, las siguientes preguntas:

1. ¿Es usted estadounidense? **2.** ¿De qué país son sus padres? **3.** ¿Cómo es usted físicamente? **4.** ¿Cómo es el temperamento de los latinos? **5.** ¿Cómo será el futuro de este país, bueno o malo? **6.** ¿Qué hora es? ¿Qué hora era anoche cuando te dormiste? **7.** ¿Qué día es hoy? **8.** ¿Es usted socialista, demócrata o republicano? **9.** ¿Era Lincoln conservador o liberal? **10.** ¿Quién es el Primer Ministro de Inglaterra? ¿Es conservador? **11.** ¿De dónde era Che Guevara? **12.** ¿De qué material es este libro? **13.** ¿De qué es tu casa, de madera o de ladrillo? **14.** ¿Ha sido usted muy estudioso este año? **15.** ¿Qué es un perro? y, ¿una banana? **16.** ¿Cómo es el gobierno de Cuba hoy? **17.** ¿Dónde fue la última gran batalla de la Segunda Guerra Mundial? **18.** ¿Qué es la filosofía, un arte o una ciencia? **19.** ¿Es rico o pobre Rockefeller? **20.** ¿Han sido fáciles estas preguntas?

¿Quién tiene la razón?

Este es un tema del cual se hablará y discutirá por muchos años. Tal vez nunca nos pondremos de acuerdo, o al menos por mucho tiempo será controvertible y debatible.

Es un asunto que cae en lo personal y en lo colectivo. Afecta al individuo y a la sociedad. Parece invadir la privacidad y la libre determinación de la persona y, por otra parte, parece lesionar leyes fundamentales de la supervivencia humana.

¿Tiene la mujer—y también el hombre—el derecho a decidir por sí mismos la futura vida o la prematura muerte de un embrión en estado de gestación?

¿Tiene el feto—ya palpitante en el vientre de la mujer—el derecho a que se le respete la vida y se le garantice, en lo posible, la facultad de ver la luz del día, de desarrollarse, crecer, y salir a la contienda de lo que es la existencia en la comunidad de los seres humanos?

Estas son las dos alternativas que tanto se han discutido entre nosotros, los que vivimos, los que no fuimos truncados durante ese proceso maravilloso y misterioso, portentoso y hermoso, que es el período en que somos formados en el cuerpo de quien, con su propia sangre y su misma vida, nos la dió.

Hombres, mujeres, grupos, organizaciones, gobernantes, jueces, religiosos, están enfrascados en este dilema que parece no tener solución nunca.

Son muchas las razones y argumentos dados en pro y en contra del aborto. ¿nos pondremos de acuerdo algun vez? ¿Quién tiene la razón? Analicemos y discutamos, según nuestras convicciones y creencias, los diversos aspectos de este trascendental tema.

PREGUNTAS

1. ¿Qué es el aborto?
2. ¿Por qué se debate tanto este tema?
3. ¿Cree usted que este asunto es realmente trascendental y merece la pena discutirlo? Explique su respuesta.
4. ¿Cuál ha sido la decisión de las Cortes de Justicia en este problema?
5. ¿Cree usted que las Cortes cambien su criterio o no? Explíquese.

Apoyamos el aborto

La mujer, y en muchos casos el hombre que participó en la fecundación, tienen el inalienable derecho de decidir por sí mismos si el futuro fruto de su unión, es decir, el feto en formación, debe continuar su proceso de desarrollo y convertirse, transcurrido el período de gestación, en un ser humano.

Las leyes y regulaciones de muchos países prescriben que mientras el feto permanece en el claustro materno no se ha perfeccionado, no se ha completado la persona, no hay sujeto de derechos y obligaciones, no hay personalidad jurídica; en otras palabras no existe un ser humano. Así pues, es potestativo de la mujer decidir su futuro.

El traer un hijo al mundo implica un cúmulo de responsabilidades que no siempre los padres pueden confrontar. Muchos matrimonios tratan de evitar tener hijos a través de distintos medios, unos usando píldoras con-

anticonceptivos

más vulgar
Condón _no ha sobre la ... común_

traceptivas, otros usando artículos profilácticos y preservativos, algunos
absteniéndose del acto sexual durante los días en que la mujer fecunda,
etc., pero estos medios no son infalibles y en muchas ocasiones la mujer
queda en estado. ¿Qué hacer entonces? No hay otra alternativa que el
aborto.

Hay muchas razones por las cuales una mujer o un matrimonio no
quieren el hijo que han engendrado. Si la mujer es soltera y ha tenido
relaciones íntimas con un hombre a quien casi no conoce, y sabe que él no
ha de acordarse nunca más de ella, el futuro hijo será un hijo sin padre.
Quizá haya un matrimonio que ya tiene varios hijos y no puede económi-
camente responsabilizarse con otro. La mujer que es violada, ¿querrá tener
un hijo, producto de ese acto infame? Claro que no. Entonces, tendrá que
recurrir al aborto.

El aborto está justificado en estos y otros muchos casos, y aún cuando
no exista una justificación, creemos que las personas afectadas por la situación tienen el derecho de resolver el problema libremente, sin que ello
constituya un crimen o un delito, y así ha sido reconocido por los
tribunales de justicia de muchos países.

PREGUNTAS

1. ¿Qué opinión tienes tú de las personas que carecen de un padre reconocido?
2. ¿Qué opinas de un matrimonio que recurre al aborto por estimar que sus medios económicos no le permite tener hijos?
3. ¿Qué debe hacer una mujer que ha sido violada y queda en estado de embarazo?
4. ¿Qué opinas de los métodos contraceptivos para evitar la fecundación?
5. ¿Cuál es la posición de tu religión en materia de aborto?

Condenamos el aborto

Comencemos diciendo que el aborto, en un sentido amplio y general, es
un crimen, un asesinato cometido con premeditación, ensañamiento y
alevosía. Se le está quitando la vida a un ser humano que no tiene la más
mínima oportunidad de defenderse de esa agresión infame y cobarde.

Que no digan, los partidarios del aborto, que lo que ya palpita en el
vientre de la mujer no es un ser humano, porque sí lo es. Pero, amigos
míos, si no es un ser humano, ¿qué es entonces? ¿Es acaso un monstruo,
una alimaña, una masa amorfa? No. Es un cuerpo viviente, producto de
otros dos cuerpos; es un cuerpo con todos los atributos del ser humano,
con sus ojitos, sus bracitos, sus piernitas, sus órganos genitales, hembra o
varón. Es toda una vida humana, que al primer contacto con el mundo
exterior lo primero que hace es gritar como pidiendo que le den la
bienvenida y la oportunidad de ser niño, adolescente, joven, adulto, viejo,

hasta cumplir con el ciclo de la vida y la muerte, de ser humano, y contribuir con sus dotes, capacidades y esfuerzos al desarrollo de la especie.

El aborto es un acto criminal que viola las leyes de la naturaleza. La persona que lo realiza se niega a sí misma. Dios, creador de todos los seres vivientes, les dio la oportunidad de multiplicarse, y desde los más inferiores hasta los más superiores, los dotó para su procreación y aumento de la especie. El ser más superior de todos—el hombre—se rebela contra esa ley divina, y con el aborto se suicida y destruye el único medio para perpetuarse.

Luchemos con todas nuestras fuerzas para erradicar el aborto. Pongamos nuestros recursos y capacidades para combatirlo. Hagamos llegar nuestras voces y razonamientos a las autoridades judiciales, gubernamentales y legislativas para convencerlas de la necesidad de declarar la ilegalidad del terrible e inhumano acto del aborto.

PREGUNTAS

1. ¿Qué diferencias existen entre un homicidio y un asesinato?
2. ¿Qué características determinan a un ser humano?
3. ¿Existe en el reino animal alguna especie que practique el aborto?
4. ¿Cuál es tu opinión de los médicos que hacen abortos?
5. ¿Hay entre los seres humanos alguna raza o algún grupo social que practique el aborto más que otro?

V·O·C·A·B·U·L·A·R·I·O

alevosía traición, perfidia *[crímenes en sangre fría]*

alimaña animal *de supresa [predator]*

amorfo sin forma regular o bien determinada

aumentar acrecentar, dar mayor extensión

brazos extremedidades superiores de una persona

claustro materno lugar que ocupa el feto en el cuerpo de la mujer *[claustro — algo lugar cerrado]*

crecer aumentar de tamaño

cuerpo sustancia material; materia completa de una persona o animal

cúmulo gran cantidad de ciertas cosas

desarrollarse ampliarse, desenvolverse

diverso diferente, distinta naturaleza

dotes cualidades

enfrascado dedicado a algo con todo interés y atención *[frasco — bottle of perfume] [estar muy metido]*

ensañamiento uso de mucha crueldad en la víctima de un crimen

erradicar extirpar totalmente cualquier cosa *[sacar algo de raíz — uproot]*

gestación tiempo que dura la preñez

gritar clamar

hembra persona o animal del sexo femenino

libremente con libertad

luz lo que ilumina las cosas

masa cantidad de materia de un cuerpo

pedir hacer una petición

piernas extremedidades inferiores de una persona

píldora medicamento en forma sólida, pequeña

potestativo que está en la facultad de uno

procrear multiplicar una especie

quedar en estado inicio de la gestación en la mujer

sujeto persona

truncar cortar una parte a cualquier cosa

varón persona del sexo masculino

vientre abdomen

REPASO GRAMATICAL

25. Los pronombres reflexivos objetos de preposiciones.

Los pronombres reflexivos que son objetos de preposiciones se dan a continuación: **mí, ti,** (para la primera y segunda persona singular, respectivamente),**sí** (para la tercera persona, singular y plural), **nosotros** y **vosotros** (para la primera y segunda persona plural, respectivamente). El adjetivo **mismo** y sus formas se añaden frecuentemente para dar énfasis a la expresión.

Primero, yo pensaría **en ti**; y luego, pensaría **en mí mismo.**

Tengo que luchar **por vosotros** y **por mí.**

El político siempre está hablando **de sí mismo.**

Los esposos tienen que decidir **por sí mismos.**

¿Vas a pensar **en ti** o en tu futuro hijo?

El tema de conversación de ellas es **sobre sí mismas,** no **sobre nosotros.**

EJERCICIO

Conteste las siguientes preguntas, afirmativa o negativamente, a favor o en contra de la primera alternativa o de la segunda alternativa, es decir, como mejor le sea conveniente:

Modelo: ¿Se preocupa **por sí mismo,** o se preocupa **por nosotros?**

Sí, se preocupa **por sí mismo,** y no se preocupa **por nosotros.**

No se preocupa **por sí mismo,** se preocupa **por nosotros.**

Ni se preocupa **por sí mismo,** ni se preocupa **por nosotros.**

1. ¿Para quién trabajan los legisladores, para ti y para mí, o para sí mismos?
2. ¿Están ustedes hablando de mí o de todos nosotros? 3. ¿Quieres hablar por ti misma o por mí? 4. ¿Generalmente, los jueces deciden por sí mismos, o por las presiones de los religiosos? 5. ¿Debe la madre confiar en mí, que soy su esposo? 6. ¿Puede el feto decidir por sí mismo su futura suerte? 7. ¿Tenemos, tú y yo, el inalienable derecho de tomar una decisión por nosotros mismos? 8. ¿Pensarán los políticos en nosotros o en sí mismos?

26. Los pronombres reflexivos MI, TI y SI como objetos de la preposición CON

Los pronombres reflexivos **mí, ti** y **sí**, cuando son objetos de la preposición **con**, adoptan la forma de **migo, tigo** y **sigo** y van unidos a dicha preposición, formando una sola palabra: **conmigo, contigo** y **consigo**.

Mis hijos van **conmigo** a todas partes.

Tu mamá fue **contigo** al hospital.

El llevaba **consigo** todo el dinero.

EJERCICIO —————————————————————————

Conteste las siguientes preguntas, con oración completa:

Modelo: ¿Vas a discutir este problema **conmigo**?
Sí, voy a discutirlo **contigo**.

1. ¿Quieres que yo vaya contigo a discutir con el médico tu posible aborto?
2. ¿Estás de acuerdo conmigo de que el aborto es un crimen? 3. ¿Tiene usted consigo toda la información necesaria para diagnosticar su caso? 4. ¿Desea tu amiga estar tranquila consigo misma o ponerse de acuerdo contigo? 5. ¿Debemos nosotros cumplir con nuestras obligaciones o, por el contrario, discutirlas contigo?

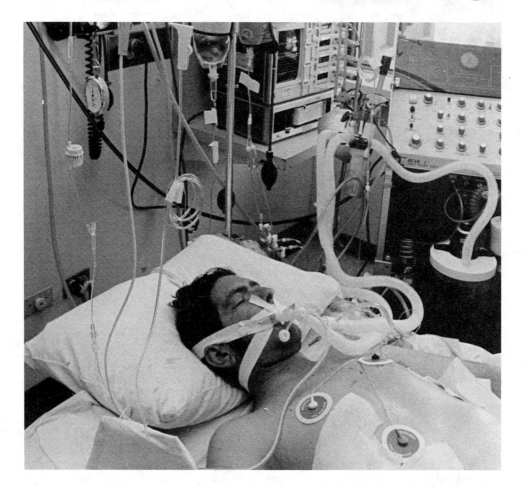

¿Acto de bondad u homicidio?

Es una escena que se ha repetido muchas veces en películas, programas de televisión, libros, y aún en nuestras imaginaciones: un ser amado está muriéndose poco a poco, sufriendo, apenas respirando a través de una máquina respiradora. Para nosotros, es nuestra madre o nuestro hijo, pero el mundo lo llama un "vegetal", porque no habla, no oye, no puede comer, ni beber, ni razonar. Solamente es capaz de seguir existiendo, gracias a que su corazón continúa latiendo. Nos apena, nos causa mucho dolor verlo así porque lo recordamos como un ser fuerte, lleno de vitalidad, vibrante. Ahora su cuerpo es como una concha vacía, que una vez guardaba vida llena y repleta de esperanzas, y ahora depende frágilmente de una máquina. ¡Ni es capaz de respirar por su cuenta! Sentimos que ese cuerpo, tendido en esa cama, no es el ser que tanto hemos querido porque su esencia ya se fue, dejando un cuerpo gastado.

Así lo pintan los escritores, los directores de películas, y programas de televisión; pero en cierta medida esta es, más o menos, la dura realidad cuando alguien se enferma gravemente o ha sufrido un terrible accidente y los médicos declaran que no se puede curar, porque el cerebro ya murió. Sólo el corazón y los otros órganos continúan funcionando.

Mucha gente no puede aguantar esa escena tan dolorosa y deprimente. Piensan en el concepto antiguo de la muerte buena y tranquila, digna para una persona que hemos amado tanto y que no podemos dejar vivir así en esa forma tan innoble.

¿Se puede justificar la eutanasia? ¿Podría usted, podría yo, dejar que se muriera un familiar, tomando la decisión directa de causar su muerte? ¿Es simplemente un homicidio premeditado, cruel y frío, o un acto de compasión más alto y noble?

¿Qué haría usted si se encontrara en esa situación? ¿Podría desenchufar la respiradora, o preferiría que su familiar continuara respirando hasta que exhalara su último aliento?

PREGUNTAS ———————————————

1. ¿Cómo definiría usted la eutanasia?
2. ¿Ha tenido usted alguna experiencia personal con un caso de eutanasia?
3. ¿Por qué llaman "vegetal" a algunas personas muy enfermas?
4. En el caso hipotético de que usted se encontrara viviendo como un "vegetal", ¿desearía usted que le desconectaran la máquina de respirar o que lo mantuvieran "vivo"?
5. ¿Puede citar usted algún caso de eutanasia que haya tenido, recientemente, publicidad local o nacional?

Sería un acto de bondad

Para pensar sensatamente en la eutanasia tenemos que ponernos en el lugar de la persona que sufre y está muriéndose. ¿Querría usted, amigo lector, vivir así como un vegetal? Nadie lo querría. La vida no es solamente el latir del corazón; no es una simple bomba que hace circular la sangre por las venas y las arterias. Si eso es sólo lo que nos queda, uno no es nada más que un cuerpo cadavérico que resiste la muerte.

Los que afirman que no podemos dejar morir a alguien están hablando desde un punto de vista sentimental. Quieren mantener algo que ya se fue, y ¿para qué? Creemos que es para evitar responsabilidades, o para no sentirse culpables por la decisión de no haber prolongado la vida inútil del ser amado. Hoy en día esta decisión es especialmente difícil debido a los grandes avances que la ciencia médica ha logrado. Gracias a nuevas medicinas, nuevas técnicas de curar, y nuevas facilidades, se puede hacer volver a la vida, en algunos casos, a una persona aparentemente muerta. Pero no debemos olvidarnos que las células del cerebro una vez muertas no pueden regenerarse. Si el cerebro no recibe el oxígeno necesario esta persona nunca volverá a ser lo que fue, porque la inteligencia, la memoria, la capacidad de razonar, de amar, de sentir, de actuar como un ser humano residen en este órgano. Si este cuerpo no es capaz de actuar como un verdadero ser humano, ¿para qué mantenerlo vivo? ¿Simplemente porque tiene un corazón fuerte que continúa latiendo?

No queremos matar a nadie, especialmente a un ser amado, pero tampoco queremos verlo existiendo sólo físicamente, sin la más ínfima posibilidad de volver a ser una persona completa. ¿Qué dignidad hay en ese tipo de existencia? Ninguna. ¿No es mejor recordar a esta persona como era antes—fuerte, robusta, dinámica, entera? Hay un tiempo para nacer y otro para morir, y cuando llega ese tiempo, debemos aceptarlo y tomar la decisión lógica. Si alguien sólo puede existir a través de una máquina externa y por medidas heroicas, su vida se ha prolongado demasiado. Somos nosotros los que nos engañamos. Tarde o temprano la muerte nos alcanzará.

PREGUNTAS

1. ¿Querría usted vivir como un vegetal? Explique.
2. ¿Cree usted que la eutanasia se debe aplicar en ciertos casos?
3. ¿Cree usted que mientras hay vida hay esperanza?
4. ¿Es legal la eutanasia en los Estados Unidos?
5. Si usted fuera un congresista, ¿votaría a favor o en contra de la eutanasia? Explique su respuesta.
6. En estos momentos, ¿tiene usted un amigo o familiar sufriendo una enfermedad muy grave?

Sería un homicidio

Soy un gran optimista y creo que todo es posible, aún lo que otros llaman "lo imposible". Nunca podría permitir que un ser querido muriera por una decisión que yo había tomado. Para mí, esto no es nada más que otra forma de homicidio, y no puedo condonarlo.

No se puede quitar ni privarle la vida a nadie porque ella es sagrada, un don de Dios. Yo sé que en este caso el ser amado parece estar sufriendo, sin ninguna esperanza; pero, ¿quién ha determinado que no hay esperanzas? Si me contestan que fueron los médicos, les recordaré que aun los médicos más sabios se han equivocado antes, y puede ser que se equivoquen en este caso también. Creo que confiamos demasiado en los doctores, olvidándonos por completo de que son seres humanos con las mismas limitaciones que todos tenemos.

Nunca podría fijarme un límite a las medidas que tuviera a mi disposición para prolongar la vida de un ser querido. Si no hiciera todo lo posible, sentiría que lo estoy traicionando. Para mí sería una prueba de mi amor que aceptaría sin queja; así, él seguiría viviendo hasta que Dios y la naturaleza le anunciaran su final. ¡No lo abandonaría mientras le quedara una chispa de vida!

No podría vivir tranquilo si supiera que no había hecho todo lo que estuviera en mis manos para tenerlo aquí el mayor tiempo posible. Hay muchísimos ejemplos y casos de individuos que se desesperaron, y no hicieron lo máximo para salvar al ser querido. Después se arrepintieron de haber sido débiles en el momento de tomar esa gran decisión. ¿Cómo podrían gozar sus propias vidas, sabiendo que se la privaron a otro?

La eutanasia es un ejemplo más del desprecio que tenemos por la vida en nuestro mundo moderno. Es como el aborto. Igualmente como los que no quieren sufrir con un bebé que no desean, los propagadores de la eutanasia tampoco necesitan de aquella persona. Todo esto no es más que puro egoísmo de querer vivir la vida libre de trastornos e inconveniencias como es tener que cuidar y atender a una persona gravemente enferma. ¿Quiénes somos los seres humanos, para decidir si alguien debe vivir o morir? ¿Cómo podemos suponer que esta persona quiere morir? Es una suposición muy trascendental, que trae consigo una decisión de vida o muerte.

¿Dónde está esa línea que indica que uno no merezca a no quiera vivir la vida que tiene? Si optamos por la eutanasia, trazamos esa línea, y eso es una responsabilidad muy grave, una que no quiero asumir porque es de una fuerza más poderosa que yo.

PREGUNTAS

1. En su opinión, ¿es realmente la eutanasia un crimen? ¿Por qué?

2. Un hombre mata a su esposa porque hace ya muchos años que ella viene sufriendo de muy fuertes dolores de artritis, ¿es esto un homicidio o un acto de bondad?

3. ¿Conoce usted algún caso en el que una persona haya sido declarada prácticamente muerta, y después se haya recuperado y vuelto a una vida, más o menos, normal?

4. Se dice que las células del cerebro, una vez afectadas, no vuelven a regenerarse. ¿Cree usted que en el futuro esto pueda lograrse?

5. En el caso de que una persona sufra una enfermedad incurable y que viva a través de una máquina respiradora, y esta persona por algún medio expresa su deseo de morir, ¿debe practicarse en este caso la eutanasia y, consecuentemente, desenchufar la máquina?

V·O·C·A·B·U·L·A·R·I·O

aliento   respiración

apenarse   dolor moral

apenas   con dificultad

bomba   máquina para elevar o impulsar líquidos

concha   cubierta dura de los moluscos y crustáceos

condonar   perdonar

culpable   que tiene falta, pecado

chispa   partícula de fuego que salta

débil   falto de vigor y de energía

dejar   soltar, abandonar

desenchufar   desconectar un aparato o máquina eléctrica

don   cualidad

duro   fuerte

escena   parte de una obra teatral

fijar   determinar, señalar

gastado   consumido

guardar   cuidar, custodiar

indicar   dar a entender, señalar, significar

latido   movimiento de contracción y dilatación de los vasos sanguíneos

latir   dar latidos

merecer   ser digno de algo

película   cinta cinematográfica

por su cuenta   por sí mismo

queja   resentimiento, lamento, disgusto

razonar   discurrir, hablar

sabio   persona que sabe mucho

sangre   líquido que circula por las venas y las arterias

seguir (i)   continuar

sensatamente   con sentido común

tendido   acostado

trazar   delinear, diseñar

REPASO GRAMATICAL

27. El tiempo condicional o potencial

El tiempo condicional o potencial se usa para expresar una acción teórica o una que está basada en una hipótesis. Este tiempo indica una posibilidad, suposición.

Para formar este tiempo se añaden al infinitivo las siguientes terminaciones: **ía, ías, ía, íamos, íais** e **ían.** Ejemplos:

Yo no ayudar**ía** a la eutanasia.

¿Desear**ías** tú tener que decidir entre la vida y la muerte?

La escena se repetir**ía** todos los días.

Nosotros votar**íamos** a favor de la eutanasia.

¿Terminaríais vosotros la agonía del enfermo?

Los médicos decidirían el futuro de la humanidad.

Hay algunos verbos que no toman el infinitivo, sino una raíz especial. Estos verbos son los mismos que aparecen en la página 117, donde se trata del tiempo futuro simple. Para formar el condicional de estos verbos se usa la raíz especial correspondiente, añadiéndose las terminaciones ya dadas. Ejemplos:

¿**Podría** usted decidir este asunto?

¿**Tendríamos** valor para acusar al médico?

diez oraciones

EJERCICIO

Cambie las siguientes oraciones al tiempo condicional:

futuro ⟷ presente
Si you come, I will you to lunch
Si vienes, te invitaré a como

Modelo: Me apena verlo enfermo.
Me **apenaría** verlo enfermo.

pasado ⟷ Condi
subj.
Si estudiaras mas, aprobarías

1. El juez no condona la eutanasia. **2.** El médico dejó morir al enfermo. **3.** Tú te fijas límites para una decisión futura. **4.** Nosotros guardamos el secreto de lo que el enfermo dijo. **5.** Yo no gasto mi tiempo en discusiones. **6.** Mi corazón late con violencia. **7.** Nosotros podremos buscar una segunda opinión. **8.** ¿Quieres desenchufar la máquina de respirar? **9.** Los familiares razonan de formas diferentes. **10.** ¿Merecemos la suerte de vivir?

28. El condicional perfecto

Si hubieras estudiado ⟷ habrías aprobado

El condicional perfecto se forma con el condicional del verbo **haber** y el participio pasivo del verbo de que se trate. Ejemplos:

Yo no lo **habría hecho**.

Tú lo **habrías conocido**.

María no lo **habría dicho**.

Nosotros **habríamos protestado**.

Vosotros **habríais luchado**.

Ellos **habrían prometido** su cooperación.

EJERCICIO

Cambie las siguientes oraciones al condicional perfecto:

Modelo: Yo no lo aprobaría.
Yo no lo **habría aprobado**.

1. Las autoridades no aprueban la eutanasia.   **2.** Vivo feliz con mi conciencia. **3.** Muchos individuos se desesperan de ayudar a los enfermos.   **4.** Me apena verlo así.   **5.** Los directores de películas pintan una escena terrible.   **6.** El corazón latía con dificultad.   **7.** Las células del cerebro murieron mucho antes. **8.** Ella y yo sufrimos un terrible accidente.   **9.** ¿Querría usted vivir como un vegetal?   **10.** Tu vida se ha prolongado artificialmente.

Cursos prácticos

Creemos que la universidad existe por y para el estudiante, no el estudiante por y para ella. Así es que se le deben ofrecer al estudiante los cursos que más sirven a sus intereses y necesidades, no los que la universidad crea que sean buenos o cultos para él. Se admite que hay ciertos campos del saber que debemos aprender y comprender, pero también parece muy importante la necesidad de que haya cursos que le ofrezcan al alumno algo que le sirva de un modo más práctico, algo que le pueda ayudar en su vida diaria.

¿Práctico? ¿Qué quiere decir esta palabra? *Práctico* significa algo útil o de valor. El verbo *practicar* es aplicar lo teórico, hacer algo, poner en uso, actuar. Lo práctico es lo activo, lo vivo. La vida es actividad y por eso es necesario que nos preparemos para ella. Consiguientemente, esta preparación debe incluir los cursos prácticos para que no nos encontremos sin armas en este combate que llamamos la vida. Por medio de los cursos prácticos podemos prepararnos para competir con cualquiera.

Por eso debemos pensar bien en los cursos universitarios que tomamos, tratando de tener en cuenta que las clases que hoy escogemos determinarán nuestro porvenir y tal vez nuestra felicidad. Así, evitamos muchos cursos teóricos como la filosofía, la historia, la sociología, la teología, la literatura, a menos que uno quiera enseñarlos o esté seguro de poder aplicarlos cuando se gradúe. Hoy hay mucha demanda para las ciencias como la física, la química, la biología, las matemáticas y los cursos de negocios como la economía, el comercio, la contabilidad y la gerencia. Con estos cursos uno estará bien armado para la vida.

También, no se olviden de aprender la taquigrafía y la mecanografía, que son muy útiles en el mundo de los negocios.

PREGUNTAS

1. ¿Por qué debemos estudiar cursos prácticos en la universidad?
2. ¿Qué cursos prácticos estás tomando actualmente?
3. ¿Son prácticos los cursos de idiomas?
4. ¿El estudio de la química, por ejemplo, se puede considerar práctico?
5. ¿Los grandes hombres de la humanidad han estudiado cursos prácticos?
6. ¿Hay cursos que solamente deben estudiar las muchachas? ¿Los muchachos?

Cursos teóricos

Una de las decisiones más importantes que hacemos en la vida es la selección de los cursos de estudio en la universidad. ¿Importante? Claro que sí, porque en ella hacemos posiblemente nuestra última preparación para la vida. ¿Qué consejos se pueden dar para guiarnos en esto? Bueno, primero empecemos con una regla general: llenen su horario con las asignaturas teóricas y filosóficas, y dejen las llamadas prácticas a los otros. No olviden que el propósito fundamental de cualquier universidad o centro docente es el de cultivar el intelecto en un sentido universal; es decir, debemos tratar de salir de ella con una educación amplia mediante la cual hemos desarrollado nuestros procesos intelectuales.

Durante estos cuatro años tan preciosos debemos estar seguros de tomar un buen curso de la madre de todas las artes, la filosofía, que nos hace ver las causas, los efectos y la esencia de la vida. Uno no se puede llamar educado o culto sin tener una apreciación de esta trascendental rama del saber.

Por medio de la psicología podemos mejor entendernos a nosotros mismos y los obscuros rincones de la mente. También, el aspecto científico del conocimiento no se debe negar, y así es que se puede recomendar que estudiemos biología, química o física, por las cuales entenderemos como es la vida y las fuerzas que la controlan. Claro que cualquier rama de las matemáticas será de gran valor.

De las artes es preciso que demos cursos en nuestro propio idioma y las grandes obras de su literatura. Al mismo tiempo es obligatorio que conozcamos otra lengua. Recordemos una frase muy acertada al respecto: "el hombre que sabe dos idiomas vale por dos". También en esto es preferible y conveniente que si uno es joven de ascendencia hispana haga un buen estudio de la lengua de sus antecesores. Además, no olvidemos nunca la historia: ¿cómo podemos comprender la actualidad si no tenemos ninguna idea del pasado?

¿En cuál de las ya citadas asignaturas debemos especializarnos? Pues, eso es lo de menos, porque lo más esencial es que seamos cultos y educados, no simplemente entrenados para una profesión.

PREGUNTAS

1. ¿Por qué tú estudias cursos teóricos?
2. ¿Son los cursos teóricos mejores que los prácticos? Explica tu criterio.
3. ¿Qué cursos estudió, por ejemplo, Abraham Lincoln?
4. ¿Albert Einstein fue un hombre práctico o teórico?
5. ¿Quiénes determinan el destino de los pueblos, los humanistas o los científicos?

V·O·C·A·B·U·L·A·R·I·O

amplio extenso

asignatura la materia que se estudia en escuelas y colegios

citar nombrar

consejo lo que se dice a alguien para que haga o no haga algo

cualquiera persona o cosa indeterminada

demanda petición

desarrollar impulsar la actividad de algo

docente que enseña

entrenado preparado para hacer algo

escoger seleccionar

evitar eludir, impedir que suceda

guiar dirigir

horario distribución de las horas para hacer algo

> **mecanografía** (véase vocabulario español-inglés)
>
> **negocio** actividad del comercio
>
> **porvenir** futuro
>
> **rama** división
>
> **rincón** lugar oculto y apartado
>
> **taquigrafía** (véase vocabulario español-inglés)
>
> **tener en cuenta** tomar en consideración

REPASO GRAMATICAL

29. Apócope de los adjetivos

Hay algunos adjetivos que suprimen o pierden la vocal **o** final cuando preceden a un nombre masculino y singular.

> Es un **buen** curso.
>
> No hay **ningún** estudio más importante que la filosofía.
>
> ¿Cuál es el **primer** curso que se toma en la universidad?
>
> **Algún** día podremos tener más libertad en la selección de cursos.
>
> ¿Qué es peor, una mala clase o un **mal** profesor?
>
> El **tercer** año de estudio puede ser el más difícil.

El adjetivo **grande** cambia a **gran** si precede a un nombre singular, masculino o femenino.

> La filosofía es una **gran** ciencia.
>
> Un **gran** número de alumnos estudia español.

El número cardinal **ciento** cambia a **cien** antes de un nombre.

> Tenemos que tomar **cien** horas de requisitos, pero yo tomé ciento tres.

El indeterminado **cualquiera** cambia a **cualquier** antes de un nombre singular, masculino o femenino.

> No debes estudiar **cualquier** idioma, sino el que te guste.

El título de **santo** cambia a **san** con los nombres de los santos varones.

> **San** Pedro   **San** Juan   **San** José

Las excepciones son Santo Domingo, Santo Tomás y Santo Toribio.

EJERCICIOS ──

A. Cambie las siguientes oraciones al singular:

> Modelo Son unas **grandes** ideas.
>   Es una **gran** idea.

1. Los malos profesores exigen demasiado.   **2.** ¿Cuáles fueron los primeros cursos que tomaste?   **3.** En esa asignatura se leen las grandes obras de Platón.   **4.** Has cursado algunos estudios que no tienen valor intelectual.   **5.** Los buenos cursos son los más difíciles.

*B. Cambie la palabra en **negrita** por la que aparece entre paréntesis:*

> Modelo: Es un buen **curso** (asignatura)
>   Es una buena **asignatura**.

1. No hay ninguna **ciencia** que me guste. (idioma)   **2.** La **universidad** buena ofrece una variedad de cursos. (escuelas)   **3.** En todas las buenas **universidades** de la Edad Media se enseñaban las clases en latín. (centros docentes)   **4.** Un gran **poema** tiene muchos, grandes y profundos **pensamientos**. (obra. . . . ideas)   **5.** Algunos **idiomas** son más útiles para nosotros que otros. (lenguas)   **6.** Son las primeras **asignaturas** que se estudian. (curso)   **7.** ¿Por qué tenemos que tomar tantos malos **requisitos**? (clases)   **8.** El tercer **año** de estudios universitarios es tan importante como el primero. (asignatura)   **9.** Algunas **clases malas** son obligatorias. (temas)   **10.** En el primer **día** de clases nadie sabe de las grandes **obras** del curso. (semanas. . . . propósito)

*C. Cambie la posición del adjetivo en **negrita**:*

> Modelo: Es una idea **buena**.
>   Es una **buena** idea.

1. Había una **buena** variedad.   **2.** Será un **buen** negocio.   **3.** Hay tantos **malos** profesores.   **4.** Tener sueño en clase es un **mal** síntoma.   **5.** **Cualquier** idioma sirve de requisito.   **6.** Un **mal** profesor es peor que un **mal** libro.   **7.** El **primer** capítulo es más interesante que el último.   **8.** El **tercer** año es el más difícil.   **9.** El *Quijote* es una **gran** obra.   **10.** ¿Es *Romeo y Julieta* el **primer** drama de la literatura inglesa?

Actitud ciudadana

CAPITULO 15

El respeto a la ley

La piedra fundamental en un estado de derecho es el respeto a la ley. Sin este respeto, sin este acatamiento, la sociedad, la convivencia entre los hombres, no puede producirse.

La anarquía, el caos, la desorganización, el crimen, el pillaje, son consecuencias y resultados de la falta de respeto a la ley.

Bajo un régimen democrático y liberal, donde los derechos fundamentales del hombre están garantizados, donde cada ciudadano pueda expresar su opinión y ser oído por los gobernantes que él haya elegido, la falta de respeto a la ley no tiene justificación de ninguna clase. Si un grupo de ciudadanos no está de acuerdo con tal o cual disposición gubernamental, tiene el derecho de protestar cívicamente contra ella, empleando los medios legales que sus leyes le garantizan, pero no tiene derecho, en estos casos, a desobedecer la ley, a realizar actos contrarios a ella y, mucho menos, actos delictivos que lesionen los derechos de otros, como son los saqueos de comercios, destrucción de propiedades, incendios, e inclusive rebelión contra las fuerzas públicas (policía, guardia nacional, ejército, etc.) que, en cumplimiento de su deber, tratan de imponer y restablecer el orden alterado.

Contra estos ciudadanos que invocan para sí un derecho determinado pero que al mismo tiempo están violando y desconociendo ese mismo derecho, coaccionando a otros y queriendo imponer por la fuerza y la violencia su manera de pensar, contra estos supuestos voceros de derechos, que no saben respetar el derecho de los demás, debe caer el peso de la ley. Y los ciudadanos conscientes y respetuosos de las leyes, que velan por el orden, la justicia y el derecho de todos, deben aunar sus esfuerzos porque prevalezca el respeto a la ley, sin cuyo respeto se haría imposible la pacífica convivencia, pues sería entonces la ley del más fuerte la que prevalecería.

PREGUNTAS

1. ¿Qué entiende usted por "respeto a la ley"?
2. ¿Cree usted que el respeto a la ley es básico o esencial para la supervivencia y desarrollo de un país o nación? Explíquese.
3. ¿En qué consiste el derecho de protestar o disentir de una ley o disposición gubernamental?
4. ¿Qué consecuencias produce, o puede producir, en un estado de derecho, el no respetar la ley?
5. ¿Cree usted que en los Estados Unidos, actualmente, están garantizados los derechos fundamentales del hombre y, por lo tanto, el respeto a la ley es ineludible?
6. ¿Qué opinión tiene usted de la actuación de la fuerza pública de los Estados Unidos ante los ciudadanos que se niegan a respetar u obedecer la ley?

La desobediencia civil

La historia de los pueblos está llena de episodios en los que la desobediencia civil ha jugado un papel decisivo en el futuro de ellos. En todos los casos esta actitud de desobediencia ha encontrado justificación, ya que se ha producido contra gobiernos o gobernantes tiránicos y despóticos, que han desconocido los principios y derechos fundamentales del hombre.

No hay dudas que cuando estos derechos—tales como el derecho de libertad de palabra, libertad de religión, libertad de locomoción, igualdad de todos ante la ley—no son reconocidos a los ciudadanos de un país o nación, ellos tienen el derecho natural e inalienable de rebelarse contra las injusticias de los que gobiernan, produciéndose como primera manifestación de esa rebeldía la desobediencia civil, expresión del descontento y la oposición a la tiranía o mal gobierno.

Casi todas las nuevas naciones de la América, por ejemplo, pasaron por ese proceso de desobediencia civil contra los países que las colonizaron y que no tenían más objetivo que explotarlas en su provecho.

De la desobediencia civil se pasa a la guerra, que puede ser una guerra de independencia, como en el caso de los Estados Unidos contra Inglaterra, y las colonias hispanoamericanas contra España, o una guerra revolucionaria para derrocar a un tirano que oprime a su propio pueblo.

En todos estos casos la desobediencia civil está justificada porque los gobernantes optaron por desconocer las demandas de los ciudadanos que trataron, por los medios legales y cívicos, de protestar la falta de libertad y derechos. Cuando, a pesar de las protestas pacíficas y cívicas, la opresión continúa, la experiencia demuestra que ésta sólo termina por medio de la rebelión o la revolución violenta.

PREGUNTAS

1. ¿Qué entiende usted por "desobediencia civil"?
2. ¿Cree usted que cuando un ciudadano estime que una ley o disposición gubernamental es injusta, tiene el derecho a desobedecerla?
3. ¿Cuándo estima usted que se justifica la desobediencia civil?
4. ¿En qué casos cree usted que la desobediencia civil es injustificada?
5. ¿Cree usted justificada, en la hora presente, la desobediencia civil en los Estados Unidos?
6. ¿Hasta qué grado cree usted que debe llegar la desobediencia civil?
7. ¿Justifica usted, en algún caso, la destrucción de propiedades, saqueos de comercios, incendios, bombas, atentados, secuestros, como formas de protesta o desobediencia civil?

V·O·C·A·B·U·L·A·R·I·O

acatamiento respeto, cumplimiento

alterado cambiado, trastornado

atentado delito consistente en intentar causar daños

aunar unir, unificar

caos (el) confusión, desorden

coaccionar forzar

convivencia estado de vivir con otros

cumplimiento acción de ejecutar con exactitud una obligación

delictivo criminal

derecho ley, justicia, poder legal

derrocar derribar, hacer caer un sistema de gobierno o un gobernante

desconocer ignorar, no hacer caso de

disentir (ie, i) tener opinión opuesta a la de otro

incendio fuego grande que destruye casas, edificios, etc.

invocar llamar a uno en hora de necesidad o auxilio

lesionar dañar, perjudicar, herir

locomoción (la) movimiento

oprimir sujetar tiránicamente

optar por escoger

papel (el) función, posición, parte de una obra teatral que representa cada actor

pillaje (el) saqueo y robo

prevalecer sobresalir, ser superior

rebeldía acto del rebelde

saqueo acción de robar y destruir propiedades

secuestro acción de apoderarse de una persona para exigir algo por su rescate

velar observar atentamente, cuidar

vocero uno que habla en nombre de otro

REPASO GRAMATICAL

30. La terminación o sufijo MENTE para la formación de adverbios

Un gran número de adverbios se forma añadiendo el sufijo **mente** al singular femenino de un adjetivo.

Adjetivo	Adverbio
malo	malamente
bueno	buenamente
rápido	rápidamente
lento	lentamente

Si el adjetivo termina en la vocal **e** o en **consonante,** sencillamente se agrega **mente** al singular.

Adjetivo	Adverbio
triste	tristemente
fácil	fácilmente
superior	superiormente
inteligente	inteligentemente

En los casos en que dos o más adverbios de esta clase se usan en sucesión, solamente el último toma el sufijo **mente,** mientras que los anteriores mantienen la forma adjetival.

El Presidente habló **fuerte** y **enfáticamente.**

La Constitución determina **clara, franca** y **directamente** los derechos fundamentales del ciudadano.

En español, estos adverbios terminados en **mente** pueden sustituirse, en la mayoría de los casos aunque no siempre, por una frase adverbial compuesta por la preposición **con** + **el sustantivo o nombre** de que se trate.

claramente = con claridad

propiamente = con propiedad

valientemente = con valentía

astutamente = con astucia

Es obvio que para usar esta frase adverbial es necesario conocer la forma nominal o sustantiva del adjetivo. (Al final de este capítulo se da una lista de un buen número de adjetivos y nombres.) Como ya se advirtió anteriormente, no siempre se puede usar la frase adverbial en lugar del adverbio propiamente dicho. Por ejemplo, no es correcto decir *El discurso fue* **con sociedad** *beneficioso,* sino que debemos decir *El discurso fue **socialmente** beneficioso.*

EJERCICIOS ━━━━━━━━━━━━━━━━━━━━━━━━━━━━━━━

A. Conteste las siguientes preguntas, usando la forma adverbial del adjetivo dado en paréntesis.

Modelo: ¿Cómo habló el presidente? (claro)
El presidente habló **claramente.**

1. ¿Cómo actuó la policía durante los desórdenes? (prudente) **2.** ¿Cómo debe comportarse la ciudadanía? (respetuoso) **3.** ¿Cómo puede la sociedad protestar de una ley poco popular? (cívico) **4.** ¿Cómo debemos reaccionar contra los que alteran el orden? (fuerte) **5.** ¿Cómo deben resolverse los conflictos entre el gobierno y el pueblo? (pacífico, imparcial y democrático) **6.** ¿Cómo podríamos decir que gobierna un presidente que no respeta la Constitución? (tiránico y despótico) **7.** ¿Cómo se rebelaron las colonias hispanoamericanas contra el despotismo de España? (franco y valiente)   **8.** ¿En qué forma debe luchar un pueblo contra la opresión de sus gobernantes? (patriótico e inteligente)   **9.** ¿Cómo actuaron los gobernantes de Inglaterra cuando las colonias americanas declararon su independencia? (fuerte y violento)   **10.** ¿Cómo debe ser tratado el individuo que desobedece la ley? (justo e imparcial)

B. *Conteste las anteriores preguntas de la letra A, usando la frase adverbial* **con + nombre**.

C. *Cambie las siguientes oraciones usando la frase adverbial* **con + nombre**, *en lugar del adverbio:*

> Modelo: El presidente habló **claramente**.
> El presidente habló **con claridad**.

1. El derecho de protesta es invocado **sinceramente** por los pueblos conscientes. **2.** La fuerza pública tiene el deber de imponer **justamente** las leyes.   **3.** El ciudadano que cumple **patrióticamente** con su deber es digno de alabanza.   **4.** Los agitadores se retiraron **rápidamente** al llegar la Guardia Nacional.   **5.** El presidente que gobierna **democráticamente** un país merece el respeto de sus súbditos. **6.** Cuando un tirano gobierna **despóticamente** a un pueblo, éste tiene el derecho de derrocarlo.   **7.** Los estadounidenses lucharon **valientemente** contra la tiranía inglesa.   **8.** Es necesario combatir al comunismo **inteligente** y **fieramente**. **9.** Todos los pueblos quieren vivir **pacífica** y **felizmente**.   **10.** Para gobernar **legal** y **prudentemente** hay que oír al pueblo.

31. Uso de la E en vez de la conjunción Y

La conjunción **y** se cambia por la vocal **e,** con la misma función de conjunción, cuando precede a una palabra que comienza con **i** o **hi**.

> Tuve examen en filosofía **e** historia.

> Visitarán a Francia **e** Inglaterra.

EJERCICIO ────────────

Cambie el orden de las siguientes oraciones, según el modelo:

> Tratan de imponer **y** restablecer el orden.

> Tratan de restablecer **e** imponer el orden.

1. Es un gobierno imparcial y justo.   **2.** Son derechos inalienables y naturales. **3.** No me hablen de injusticias y de representación.   **4.** La protesta produjo incendios y saqueos.   **5.** No creo que nuestro gobierno sea ideal y razonable.   **6.** El comunismo es ilógico y estúpido.   **7.** Muchos de los que protestan son hipócritas y materialistas. **8.** Muchas leyes son injustas y negativas. **9.** ¡Qué ingratos y bárbaros son esos radicales! **10.** La indiferencia y la opresión matan el proceso democrático.

32. Uso de la U en vez de la conjunción O

La conjunción **o** se cambia por la vocal **u,** con la misma función de conjunción, en los casos en que precede a una palabra que comienza con **o** u **ho.**

No sabemos si es deshonesto **u** honesto.

Las elecciones serán en septiembre **u** octubre.

EJERCICIO ────────────────────

Cambie el orden de las palabras unidas por la conjunción o, en las siguientes oraciones:

Modelo: No sé si hay ocho **o** siete.
No sé si hay siete **u** ocho.

1. La represión de la fuerza pública, ¿fue horrenda o sensata? **2.** ¿Es hombre o mujer el Primer Ministro de la India? **3.** ¿Qué prefieres, opresión o democracia? **4.** ¿Es el servicio militar obligatorio o voluntario? **5.** ¿Debemos organizarnos o desunirnos? **6.** ¿Lo que tú dices, es opinión o hecho? **7.** Desconocíamos si aquello fue opresión o coacción. **8.** ¿La decisión fue oportuna o inoportuna? **9.** ¿Qué prefiere un buen gobernante, honra o fama? **10.** ¿Aquel acto que lo llevó a la muerte, fue holocausto o locura?

LISTA DE PALABRAS EN SUS FORMAS ADJETIVAL Y NOMINAL

Adjetivo	Nombre	Adjetivo	Nombre
abundante	abundancia	honrado	honradez
actual	actualidad	ilegal	ilegalidad
alegre	alegría	imparcial	imparcialidad
amplio	amplitud	independiente	independencia
anterior	anterioridad	injusto	injusticia
básico	base	inteligente	inteligencia
breve	brevedad	irónico	ironía
brusco	brusquedad	jocoso	jocosidad
brutal	brutalidad	jovial	jovialidad
cívico	civismo	justo	justicia
civil	civilidad	legal	legalidad

claro	claridad	legítimo	legitimidad
cobarde	cobardía	lento	lentitud
consciente	consciencia	liberal	liberalidad
criminal	criminalidad	magestuoso	magestuosidad
cuidadoso	cuidado	malicioso	malicia
débil	debilidad	malo	maldad
decisivo	decisión	natural	natualidad
democrático	democracia	noble	nobleza
desobediente	desobediencia	obediente	obediencia
despótico	despotismo	organizado	organización
difícil	dificultad	pacífico	paz
diplomático	diplomacia	patriótico	patriotismo
distinguido	distinción	perfecto	perfección
elegante	elegancia	pobre	pobreza
escaso	escasez	político	política
estúpido	estupidez	posterior	posterioridad
fácil	facilidad	prudente	prudencia
feliz	felicidad	quieto	quietud
feo	fealdad	rápido	rapidez
fiero	fiereza	rebelde	rebeldía
franco	franqueza	regular	regularidad
frecuente	frecuencia	respetuoso	respeto
fuerte	fuerza	rico	riqueza
fundamental	fundamento	sabio	sabiduría
garantizado	garantía	seco	sequedad
generoso	generosidad	sincero	sinceridad
gozoso	gozo	tiránico	tiranía
grande	grandeza	triste	tristeza
hermoso	hermosura	valiente	valentía
honesto	honestidad	violento	violencia

La corrida de toros

CAPITULO 16

¡Viva la corrida!

Muchos estadounidenses me han dicho que están en contra de la corrida de toros porque, a su juicio, es bárbara, cruel y sangrienta. En su concepto de competición o *fair play*, como dicen, la corrida de toros representa todo lo malo que puede haber en el hombre. Al oponerse a ella se olvidan por completo que la corrida no es un deporte ni un espectáculo. Realmente es la vida, y como la muerte es el término de la vida también tiene su lugar en esta representación. La vida: la lucha, la resistencia y la muerte. ¿No son ellas los elementos de la vida? Claro, nacemos, luchamos, resistimos y, al final, morimos, a veces sin quererlo, pero de todos modos lo aceptamos.

Bueno, pero basta de filosofía y de discusión. Vamos a la plaza y compremos un boleto. ¿Qué prefiere usted, el lado soleado o el de sombra? Mejor que nos sentemos en el de sol, pagamos menos y estamos con los verdaderos aficionados. ¡Oiga, la banda ya toca una pieza! ¿La conoce? Creo que es "España Cañí".

Aquí vienen los toreros, vestidos con sus trajes de luces. La procesión de ellos me da escalofríos, porque sé bien que van a enfrentar la muerte. Ya salen, dejando entrar a los toros. ¡Qué fuerza! ¿Se imaginó usted que eran tan grandes? ¿Se atrevería a enfrentarlos? No creo que yo pudiera. Ahora los picadores aplican su arte. Esto hace más bravos a los toros. Mire la maestría y la gracia del torero. ¡Qué destreza! Es más un bailarín que un matador porque, como bien se sabe, un buen torero tiene que hacer los pases con gracia. Admiramos sus habilidades artísticas, mientras el toro se debilita. Y el momento de poner las banderillas es realmente espectacular y emocionante; los banderilleros hacen alarde de destreza y coraje.

Por último, el momento de la verdad, pasando tan cerca de los cuernos del animal: la estocada final, la muerte del toro, y la dura realidad de la vida. . . .

PREGUNTAS

1. Para los que han presenciado una corrida de toros, ¿crees que es un deporte, un arte o un espectáculo? Explica tu criterio.

2. Para los que no han presenciado una corrida de toros, ¿qué idea tienes de la misma?

3. ¿Qué opinas de los toreros o matadores? ¿Ganan mucho dinero?

4. ¿Qué sucede si el toro mata al torero?

5. Si fueras a una corrida de toros, ¿quisieras ver a un torero herido por un toro?

6. ¿Sabes qué hacen con el toro después de muerto?

La corrida de toros es bárbara

La corrida de toros no cabe en mi definición de un deporte porque es una lucha desigual entre un animal, aunque sea fuerte y feroz, y un hombre. Digan lo que digan, a pesar de su gran fuerza y ferocidad, el toro no es el igual del hombre con sus superiores capacidades mentales y además su arma, la espada.

Cierto que no es una lucha igual porque, como bien se sabe, el toro perderá en el noventa y nueve por ciento de los casos, a veces sufriendo horriblemente por la técnica poco experta de los novilleros, que no son tan diestros para matar con una sola estocada. En los otros deportes, aun en el boxeo, hay una contienda entre dos combatientes, o equipos, de igual o casi igual poder, mientras que la corrida de toros es la señalada excepción.

¿Dicen que es un espectáculo? ¿Es la tortura y la muerte de un animal una diversión? ¿No tenemos, nosotros los seres racionales, mejor forma de recreación que ver este asesinato tan sangriento? ¿Cuándo llegaremos a ser civilizados? ¿Seguiremos siendo tan bárbaros y aficionados a esta matanza tan cruel?

Nunca podré aceptar que el propósito de la vida pueda admitir el de inflingir dolor o pena a un animal que es capaz de sentirlo. Estoy seguro que en el orden de la creación el toro no fue creado para ser torturado tan brutalmente por otro ser con más inteligencia, que debería encontrar mejores modos de pasar el tiempo.

Me alegro de que en los Estados Unidos nunca sea aceptada la corrida de toros con su básica brutalidad. Lo único bueno que veo en este barbarismo es la música taurina que lo acompaña, pero podemos gozar de ella sin ver tan cruel espectáculo.

PREGUNTAS

1. ¿Crees que, en efecto, la corrida de toros es bárbara?
2. ¿Crees que vale la pena que un hombre exponga su vida ante un animal, con el propósito de ganar gloria y dinero y al mismo tiempo satisfacer la morbosidad de una muchedumbre?
3. ¿Consideras que la tortura y muerte de un animal pueda constituir una diversión, un espectáculo o un arte?
4. ¿Por qué crees que en los Estados Unidos y en otros países están prohibidas las corridas de toros?
5. ¿Eres partidario de que se acepten en los Estados Unidos las corridas?
6. ¿Cuáles son los países donde más se practica este espectáculo?
7. ¿Crees que la caza en los Estados Unidos es un deporte justo? ¿Es válido compararla con la corrida de toros?

Los deportes

¿Cuál es tu deporte favorito? Hay tantos que a veces encuentro difícil saberlo. Bueno, trataré de analizarlos. Primero, creo que hay deportes que nos gusta ver como espectadores, y otros en los cuales tomamos una participación más activa. Claro que las cualidades de los dos tipos no son iguales, porque hay deportes que son emocionantes presenciar, y otros que nos aburrirían ver porque, como espectadores, tenemos poco interés en ellos.

Hay algunos deportes que pueden pertenecer a los dos grupos, como el béisbol. Muchos dicen que este pasatiempo nacional va perdiendo popularidad, por el lento paso de su acción. El lanzador gasta mucho tiempo preparándose para lanzar la pelota. El bateador también pierde tiempo ajustándose los pantalones o quitando un poco de tierra de los zapatos. Aunque a veces me gusta ver un buen juego de béisbol, gustaría más jugarlo con un buen grupo de amigos. También es así co baloncesto, porque la destreza necesaria para participar en él no es grande, y con un mínimo de habilidades y fuerza podemos todos gozar del ejercicio y la competición de este deporte.

El fútbol, al contrario, es más bien un deporte para los espectadores, aunque a muchos les gusta jugarlo en forma menos violenta. ¿Jamás has visto un buen partido de fútbol europeo, o sóquer, como decimos en este país? También es un deporte muy interesante, por su paso rápido y la sencillez del juego. A veces el fútbol estadounidense puede confundirnos con sus reglas complicadas.

El tenis es más un deporte para jugarlo que para presenciarlo, al igual que la pelota de mano, el boleo y el golf, mientras que el boxeo, la lucha libre y el jai-alai son más bien para disfrutarlos como espectadores, ya que requieren que tengamos habilidades más desarrolladas, aparte de que algunos de ellos son demasiado violentos.

En todos los casos creo que lo esencial de cada deporte es que nos brinda la oportunidad de competir, lo que nos produce una emoción y, al mismo tiempo, nos proporciona un ejercicio corporal, muy necesario para la salud, especialmente en estos tiempos en que la vida se va haciendo cada vez más cómoda y sedentaria.

PREGUNTAS

1. ¿Cuál es tu deporte favorito?
2. ¿Participas activamente en algún deporte?
3. ¿Qué opinas del béisbol?
4. ¿Cuál es tu opinión sobre el boxeo?
5. ¿Qué puedes decirnos sobre el fútbol estadounidense? ¿Crees que es el deporte nacional? ¿Por qué?
6. Los deportistas o jugadores de la época actual, ¿son mejores o peores que los de épocas anteriores?

V·O·C·A·B·U·L·A·R·I·O

aburrir no interesar, cansar

aficionado que cultiva o siente interés por un arte o deporte, sin tenerlo por oficio

ajustar arreglar, componer

alarde (el) ostentación, gala

asesinato muerte premeditada

atreverse tratar de hacer algo a pesar del costo o peligro

bailarín uno que baila por oficio

banderilla palo delgado, armado de un arponcillo de hierro

banderillero torero que pone banderillas

boleto billete

bravo feroz, enojado

contienda disputa, competición, juego, partido

coraje (el) valor

cuerno prolongación de hueso duro de la cabeza de un animal

debilitar hacer más débil, disminuir la fuerza de alguien

deporte (el) competición, juego, recreación

destreza habilidad, arte

diestro hábil, experto

enfrentar afrontar, poner frente, oponer

escalofrío reacción del cuerpo en que se siente frío y calor al mismo tiempo

estocada golpe que se da de punta con la espada

infligir, inflingir dar pena o castigo corporal

lanzar arrojar, tirar

lucha libre véase vocabulario español-inglés)

maestría arte y habilidad de hacer algo expertamente

matanza acción de matar

morboso estado físico o psíquico no sano

muchedumbre (la) reunión de gran número de personas

nacer empezar la vida

pase (el) movimiento que hace el torero para evitar al toro

paso progreso

pertenecer ser parte de un grupo, cuerpo o asociación

picador torero de a caballo, que pica a los toros

pieza parte, composición musical

requerir (ie, i) necesitar

sangriento que echa sangre

sencillez (la) simplicidad

señalado famoso, insigne

soleado que recibe directamente la luz del sol

sombra obscuridad, falta de luz

taurino relativo al toro a o la corrida de toros

término último punto hasta donde llega una cosa; límite, fin

traje de luces (el) traje de seda, bordado de oro o plata, que usan los toreros

REPASO GRAMATICAL

33. El tiempo futuro simple

Se forma el futuro simple añadiendo al infinitivo las siguientes terminaciones: **-é, -ás, -á, -emos, -éis, -án**, para las correspondientes personas del singular y plural.

admirar

yo admirar**é**	nosotros admirar**emos**
tú admirar**ás**	vosotros admirar**éis**
él	ellos
ella } admirar**á**	ellas } admirar**án**
usted	ustedes

Hay cierto número de verbos en que para la formación del futuro simple no puede tomarse su forma infinitiva, aunque las terminaciones son las mismas en todos los casos. He aquí la lista de los más comunes, y sus raíces:

Verbo	Raíz	
caber	cabr	yo cabré, tú cabrás, él cabrá, nosotros cabremos, etc.
decir	dir	yo diré, tú dirás, él dirá, etc.
haber	habr	yo habré, tú habrás, él habrá, etc.
hacer	har	yo haré, tú harás, etc.
poder	podr	yo podré, tú podrás, etc.
poner	pondr	yo pondré, tú pondrás, etc.
querer	querr	yo querré, tú querrás, etc.
saber	sabr	yo sabré, tú sabrás, etc.
salir	saldr	yo saldré, tú saldrás, etc.
tener	tendr	yo tendré, tú tendrás, etc.
valer	valdr	yo valdré, tú valdrás, etc.
venir	vendr	yo vendré, tú vendrás, etc.

El tiempo futuro simple puede también expresarse en español usando el verbo **ir** como auxiliar, en el presente, seguido de la preposición **a** más el verbo principal en su forma infinitiva.

Ellos **van a ver** una corrida = Ellos verán una corrida.

Vamos a admirar al torero = Admiraremos al torero.

EJERCICIOS ———————————————————————————————————

A. Cambie las siguientes oraciones al tiempo futuro, según el modelo:

No acepto la corrida.

No aceptaré la corrida.

1. El torero viene ahora.   **2.** No sé nada de la corrida.   **3.** Hay muchos deportes crueles.   **4.** ¿No quieren ustedes ver la corrida?   **5.** ¿Qué dicen los estadounidenses?   **6.** Los banderilleros hacen alarde de coraje.   **7.** ¿Cuándo salen los toros?   **8.** ¿Dónde ponen las banderillas?   **9.** ¿Cuántos espectadores caben en el estadio?   **10.** Un buen torero tiene que hacer los pases con maestría.

B. Cambie las mismas oraciones del apartado A usando la forma futura **ir a +** **infinitivo** *según el modelo:*

No acepto la corrida.

No **voy a aceptar** la corrida.

C. Cambie de una forma a la otra (futuro) las siguientes oraciones, de acuerdo con los modelos:

No va a ser aceptada.   El torero matará al toro.

No **será** aceptada.   El torero **va a matar** al toro.

1. Los picadores van a aplicar su arte.   **2.** Verán una corrida.   **3.** Vamos a estar con los aficionados.   **4.** El toro perderá.   **5.** No voy a aceptar la corrida.   **6.** Los toreros enfrentarán la muerte.   **7.** La banda va a tocar "España Cañí".   **8.** La procesión te dará escalofríos.   **9.** ¿Vas a tratar de analizarlo?   **10.** Gastarás tu tiempo en la corrida.

34. El subjuntivo con verbos de emoción

Se usa el subjuntivo en cláusulas subordinadas que son precedidas por verbos o expresiones que indican o manifiestan emoción.

Me alegro de que la corrida no **sea** aceptada en los Estados Unidos.

Me gustaría que no **hicieran** sufrir tanto al toro.

Es lástima que el toro **tenga** que morir.

Sentí mucho que **hirieran** al torero.

Espero que oigamos la música taurina.

EJERCICIOS

A. Cambie las siguientes frases, usando la expresión **me alegro de que**, *según el modelo:*

Frase:	La corrida no fue cruel.
Cambio:	Me alegro de que la corrida no fuera cruel.

1. No se tortura al toro. **2.** El toro no sufre. **3.** La corrida no es aceptada en este país. **4.** A usted le gusta el béisbol. **5.** Mi equipo ganó el campeonato.

B. Ahora use la expresión **espero que**, *según el modelo:*

Frase:	Van a la plaza.
Cambio:	Espero que vayan a la plaza.

1. Podemos gozar de un buen partido de fútbol. **2.** Ellos ven una corrida. **3.** Hay una contienda interesante. **4.** Los toros entran ahora. **5.** Tú juegas al tenis.

C. Use ahora la expresión **es lástima que**, *según el modelo:*

Frase:	Es sangriento el toreo.
Cambio:	Es lástima que sea sangriento el toreo.

1. El toro muere. **2.** Los toros sufren muchos. **3.** Matan a muchos toros. **4.** Tiene que enfrentar la muerte. **5.** Perdimos el juego.

D. Ahora use la expresión **siento que,** *según el modelo:*

Frase:	El toro se debilita.
Cambio:	Siento que el toro se debilite.

1. No se sabe nada de la corrida aquí. **2.** Dicen que es un deporte. **3.** Ya salen los toros. **4.** Se sienta en el lado de sol. **5.** No sé jugar jai-alai.

35. Otro uso del subjuntivo

Se usa también el subjuntivo en expresiones tales como **digan lo que digan, sea lo que sea, hagan lo que hagan**.

Digan lo que digan, la corrida de toros es cruel.

Sea lo que sea, no me gusta el toreo.

EJERCICIO ──────────────────────────────

*Forme expresiones similares a las expuestas, tomando como base el postulado de que **la corrida es cruel**, y haciendo el comentario con las oraciones que se dan a continuación. Véanse los siguientes modelos como guía:*

Oración:	Los picadores saben su arte.
Comentario:	**Sepan lo que sepan**, la corrida es cruel.
Oración:	Dicen que es un arte.
Comentario:	**Digan lo que digan**, la corrida es cruel.

1. Los toros son muy bravos. **2.** Los banderilleros hacen alarde de coraje. **3.** Muchos ven la corrida en España. **4.** Un buen torero enfrenta la muerte con valor. **5.** Los españoles aceptan la corrida como un reflejo de la vida.

36. El verbo GUSTAR

Recuérdese que el verbo **gustar** tiene una consideración especial en español. En la práctica solamente se conjuga en la tercera persona, singular y plural, ya que el sujeto en la oración viene a ser **lo que se gusta**, y **a quien le gusta** viene a ser el objeto indirecto.

A Juan le **gusta** el deporte.

A Juan le **gustan** los deportes.

¿Te **gustó** el juego?

¿Te **gustaron** los juegos?

Me **gustará** la pelea de boxeo.

Me **gustarán** las peleas de boxeo.

Me **gustaría** un buen partido de béisbol.

A María le **gustarían** los bolos.

Cuando el verbo **gustar** precede a otro verbo en infinitivo, dicho verbo **gustar** siempre se conjuga en singular, nunca en plural.

Me **gusta** ver un buen partido de fútbol.

A Juan y a mí nos **gusta** escalar las montañas.

EJERCICIOS

A. Cambie las siguientes oraciones al plural, según el modelo:

No me gusta el toro.   No me gustan los toros.

1. Les gusta la plaza.   **2.** A los estadounidenses no les gustó la banderilla.   **3.** Te gustará la corrida.   **4.** No me gusta este barbarismo.   **5.** No nos gusta la lucha desigual.   **6.** ¿Te gusta la tortura?   **7.** Me gustaría esta cualidad.   **8.** A mi padre y a mí nos gusta el pasatiempo activo.   **9.** ¿Te gusta el verdadero aficionado?   **10.** A María no le gustó el picador.

B. Conteste las siguientes preguntas con oración completa:

1. ¿Te gusta la lucha libre?   **2.** ¿Les gusta a los estadounidenses el jai-alai?   **3.** ¿Qué te gusta más, el béisbol o el fútbol?   **4.** ¿Le gusta a tu padre el baloncesto?   **5.** ¿A quiénes les gustan más las corridas de toros?

C. Conteste las siguientes preguntas con oración completa:

1. ¿Te gustó ver los partidos de sóquer?   **2.** ¿Te gustaría ser un buen jugador de tenis?   **3.** ¿Les gustó a ustedes presenciar las olimpiadas?   **4.** ¿Les gusta a los japoneses jugar al béisbol?   **5.** ¿Le gustaría a usted ganar el campeonato de boxeo?   **6.** ¿Te gustaría bolear con nosotros?

Las armas de fuego

CAPITULO 17

Uso y abuso de las armas de fuego

En Suiza, con toda seguridad la nación más pacifista del mundo, todos sus ciudadanos poseen un arma de fuego en sus hogares. Más que un derecho es casi una obligación. En los Estados Unidos, la Constitución garantiza al pueblo el derecho de tener y portar un arma. En la mayor parte de las naciones del orbe este asunto de la tenencia de armas por parte de la ciudadanía está, en términos generales, más o menos regulado.

En Rusia y el resto de los países en que rige un sistema totalitario comunista está totalmente prohibido que los ciudadanos posean armas de fuego e, inclusive, esto constituye un grave delito, castigable con muchos años de encarcelación. Solamente los miembros de las fuerzas de tierra, mar y aire las pueden portar cuando se encuentran de servicio. De hecho, nadie es propietario de un revólver, una pistola o un fusil en estos países. Todas las armas son propiedad del Estado.

En fin de cuentas, ¿qué es un arma de fuego? Diríamos que es, primordialmente, un objeto de DESTRUCCION: mata, aniquila, arruina, rompe, consume, devora—Desde el pequeño revólver calibre 22 hasta los enormes cañones de dieciséis pulgadas emplazados en los grandes buques de guerra, sin contar las terribles bombas nucleares. Todo esto no tiene otra finalidad que la de DESTRUIR.

Sin embargo, desde que el hombre es hombre, la necesidad de poseer un arma se ha hecho imprescindible. Quizás esta necesidad surgió del instinto de sobrevivir o supervivencia. El hombre tenía que comer y para ello había que matar a otros seres de los cuales alimentarse. Una piedra, una rama de árbol fueron las armas primitivas de que se valió el hombre para abatir al animal.

Hoy, el mismo principio subsiste, pero el intelecto humano, en su constante evolución, ha tergiversado, modificado, alterado y pervertido esta necesidad. Hoy se mata no tan sólo para comer, sino por el placer de matar y destruir, con el agravante del terrible potencial que disponen las armas para estos fines. Las armas de fuego son efectivas a distancias más o menos largas. No hay que estar muy cerca del blanco para lograr el objetivo.

¿Qué papel ha tenido el uso y abuso de las armas en la historia de la humanidad? ¿Son las armas la causa de las guerras, o viceversa? Aunque este tema de las armas es tan amplio y extenso, con múltiples facetas, nosotros vamos a limitarnos, en su discusión, si es o no aconsejable que se controle y regule su tenencia y uso por parte de los ciudadanos en sus actividades privadas, es decir, fuera del sector oficial de los cuerpos u organismos gubernamentales que, por razón de su trabajo de vigilancia, defensa y seguridad, se supone deben llevar y usar las armas de fuego.

PREGUNTAS

1. ¿Posee o tiene usted un arma de fuego? ¿Por qué?
2. ¿Ha usado usted, alguna vez, un arma de fuego?
3. En su opinión, ¿qué ventajas y desventajas existen en la posesión de un arma de fuego?
4. ¿Cuál es su arma de fuego favorita?
5. ¿Tiene usted buena puntería? ¿Ha practicado usted el tiro?

6. ¿Ha matado usted algún animal en alguna circunstancia, por ejemplo, en una cacería o al verse amenazado por él?

7. ¿Son las armas la causa de las guerras, o viceversa? Explique.

Abogamos por el control de las armas de fuego

Amigo, ¡qué cantidad de armas de fuego existen en el mundo! Tremendo negocio, éste de la venta libre de armas. Aquí, en los Estados Unidos, donde la Constitución reconoce el derecho de tener armas, es fabuloso este comercio. Cualquiera, muy fácil, puede comprar el mortal artefacto, desde el más simple hasta el más sofisticado: una pistolita 22 o una metralleta automática de mayor calibre.

Los crímenes contra la vida causados por armas de fuego siempre han sido los más numerosos, tanto por la facilidad de obtener el arma como por su efectividad. No queda más remedio: o se deroga el precepto constitucional o se regula muy firmemente la compra-venta de este material bélico. Creemos que el precepto constitucional que reconoce a todo ciudadano el derecho a portar un arma es total y absolutamente anacrónico y obsoleto.

Cuando nuestros abuelos redactaron la Constitución, hace ya más de doscientos años, la nación estadounidense se encontraba en el inicio de su desarrollo y desenvolvimiento. La conquista del lejano Oeste, con sus enormes y vastos territorios, con los peligros que acechaban a cada paso: los animales salvajes, los indios o pieles rojas, los aventureros y cazadores de fortuna, los buscadores de minerales preciosos, como el oro; todo ello creaba un medio hostil, donde casi siempre dominaba la ley del más fuerte. La necesidad de vivir armado era imperiosa. Muchas veces había que matar para no ser matado.

Hoy en día el panorama es distinto. El ciudadano goza de la protección de las fuerzas policiales y estamos más amparados y más seguros. Los medios de comunicación y de transporte son maravillosos. Igualmente, los medios de seguridad son más efectivos que antes. Por otro lado, hay que tomar medidas para que los individuos que viven al margen de la ley, es decir, aquellos que tratan de vivir del robo, del asalto, del asesinato, de la amenaza, no dispongan de un arma de fuego, la cual le hace más fácil la perpetración del crimen.

Además, cada día hay docenas de tragedias fatales en cualquier lugar de los Estados Unidos, causadas por la fácil compra de armas de fuego. La historia no es difícil de contar: dos individuos discuten, riñen y para resolver su disputa uno de ellos esgrime un revólver u otra arma, y con un disparo una sencilla riña doméstica termina en otro homicidio insensato. Se ha comprobado, con un montón de evidencias en forma de cifras y estudios, que en múltiples ocasiones el arma que compramos para defendernos, se usa contra un familiar durante una riña, y en un momento de pasión termina con la vida de uno que amamos. Esto sin contar los múltiples casos de niños que encuentran el arma de su padre en casa, se ponen a jugar con ella y matan a un hermanito o a un amiguito que los acompañan en esos momentos. Todos fueron accidentes pero, al mismo tiempo, tragedias que hubieran podido evitarse.

Claro que el control de las armas, para ser efectivo, tendría que ser a nivel mundial. Si esto fuera posible—y creemos que lo es—se reducirían notablemente las actividades de la mafia, del narcotráfico y de los grupos guerrilleros, por ejemplo. Sabemos que todas estas organizaciones hacen un uso muy amplio y fuerte de las armas de fuego. Tal vez la solución sería, al menos en teoría, muy fácil. Sólo los gobiernos, el Estado, serían los que autorizaran la fabricación de armas en general, y su distribución y venta sería totalmente controlada, supervisada y dirigida por las autoridades del país o nación. De esta manera los gobiernos determinarían a quiénes se venderían las armas, determinando asimismo los fines para los cuales las armas serían usadas, qué personas las pudieran llevar o portar, en qué ocasión podrían portarlas, y en cuáles situaciones podrían usarlas.

En fin, el control habría de ser absoluto, general y sin excepciones. En la práctica—y no nos hacemos ilusiones—el sistema no sería perfecto. Nada lo es. Sabemos que habría ineficiencias, descuidos, filtraciones; pero con todo, se lograrían grandes beneficios y resultados positivos en este asunto.

PREGUNTAS

1. ¿Opina usted que debe controlarse o regularse el uso de las armas de fuego?
2. ¿Qué medidas propondría usted para controlar las armas de fuego?
3. ¿Qué opina usted del precepto constitucional que reconoce el derecho de portar un arma? Razone su respuesta.
4. ¿Cree usted que las fuerzas de policía son idóneas y eficaces para controlar y evitar el crimen?
5. ¿Ha sido usted, alguna vez, asaltado por un criminal que lo ha amenazado con un arma de fuego? ¿Cuál sería su reacción en el caso de que fuera asaltado?

¡Armémonos!

El derecho, aún más, la necesidad de poseer un arma de fuego es indiscutible. Los autores de nuestra Constitución vieron la necesidad de que el ciudadano se defendiera contra la tiranía de algún corrupto líder, y así es que no se olvidaron de incluir la Primera Enmienda que le garantiza al ciudadano cualquiera el derecho de portar arma y defenderse contra las incursiones y los ataques de otros.

Además, ¿en qué mundo vivimos hoy en día? Un mundo de miedo, de temor, de zozobra, de angustia, de incertidumbre. ¿Por qué todas estas cosas? Porque estamos rodeados y amenazados por los maleantes, los facinerosos, los violadores, los asesinos, los drogadictos, los perturbados mentales, etc.. Si usted quiere o necesita salir a la calle y caminar por cualquier lugar en horas de la noche, usted tiene que llevar un arma para defenderse del asalto a que está expuesto por parte de algún malhechor que puede exigirle el dinero que lleva, e inclusive puede matarlo después de ser robado.

Pero es que no estamos seguros ni en nuestras propias casas. Los ladrones son los violadores que fuerzan una puerta o una ventana y entran en el hogar nuestro mientras dormimos. ¿Qué podemos hacer contra estos intrusos si no tenemos con qué defendernos? Nada. Nos roban, nos violan, nos matan y, hasta luego. ¡Ah! Pero si tenemos un arma de fuego podemos defendernos y, si es menester, matar antes de que nos maten. Esto suena algo duro, pero es la triste y amarga realidad. Vivimos en un mundo de violencia. Tenemos que defendernos. Nos acechan peligros por todas partes: en las calles, en nuestros hogares, en los establecimientos públicos, en los medios de transporte. En cualquier lugar podemos ser víctima de un crimen. Si portamos un arma de fuego podemos defendernos y evitar que el crimen se consuma.

Cuando los criminales vean que ya no es tan fácil cometer un asalto, un robo, un asesinato, una violación, porque saben que se exponen a una resistencia por parte de la presunta o posible víctima que habrá de defenderse y con su defensa ponerlos en peligro, entonces con seguridad el crimen habrá de disminuir considerablemente, pues éste no podrá cometerse con la impunidad de antes. No queda otra alternativa, o nos defendemos o perecemos. Es evidente que la policía es insuficiente, inadecuada e inepta para evitar el crimen. Lo más que hace es, después que el crimen se comete, tratar de aprehender al criminal y ponerlo a la disposición de los tribunales de justicia. ¡Pues vaya qué remedio, qué ayuda, qué consuelo! Después que asesinaron al pobre viejito o violaron a la hermosa jovencita, llevamos al asesino o al violador ante el juez, quien lo condena a prisión, si es que no lo deja en libertad, bien porque no pudo probársele el crimen, bien por haber sido declarado incompetente por razón de locura. En el mejor de los casos este individuo, un valor negativo totalmente de la sociedad, al cabo de algún tiempo, vuelve a la calle a reanudar sus fechorías.

¿Es este sistema un solución al grave problema? Naturalmente, no lo es. Si las autoridades no saben o no pueden defendernos, nosotros tenemos que defendernos. Esto es tan evidente que es reconocido por todos los Códigos Penales. Quien hiere, lastima o mata en defensa de su propia vida o de su propia integridad y seguridad, está exento de responsabilidad criminal. Esto tiene que ser así por ser la forma de preservar y asegurar la existencia del individuo contra los ataques injustificados de otros.

PREGUNTAS

1. ¿Cree usted que realmente existe la necesidad imperiosa de poseer un arma de fuego?

2. En su opinión, ¿es muy grave la situación o estado de violencia en los Estados Unidos? Explique.

3. ¿Qué sabe usted de esta situación en otros países, por ejemplo, en Rusia o en la China?

4. ¿Tiene usted miedo de caminar por las calles de su ciudad o comunidad durante las horas de la noche? ¿Por qué?

5. ¿Podría usted determinar algunas causas por las cuales hay tantos asaltos y violaciones en muchas ciudades del mundo entero?

6. ¿Qué opinión tiene usted de la policía de su comunidad en su trabajo para combatir el crimen?

V·O·C·A·B·U·L·A·R·I·O

abatir derribar, hacer caer algo, destruyéndolo

abogar hablar a favor de algo o alguien

acechar observar, mirar a escondidas

amargo *(fig.)* causante de pena o sentimiento, desagradable

aniquilar reducir a la nada

aprehender detener, poner prisionero a alguien

apuntar dirigir un arma contra una persona o cosa

arruinar destruir

blanco objeto sobre el que se dispara un arma de fuego

buscador persona que hace diligencia para hallar o encontrar algo

cabo final

cárcel lugar destinado a prisión

cazador persona que persigue a animales para matarlos o cogerlos

derogar dejar sin validez una ley o disposición

desarrollo acción de amplitud o crecimiento

descuido omisión, olvido

desenvolvimiento acción de impulsar la actividad de algo

disparo acto de hacer funcionar un arma de fuego

emplazar poner una cosa en el sitio donde ha de funcionar

en fin de cuentas en resumen, en conclusión

facineroso   persona que comete acciones criminales

fechoría   acción mala

hogar   casa donde vive la familia

idóneo   conveniente, propio para una cosa

maleante   persona que comete acciones malas

malhechor   persona que comete crímenes

margen   orilla o borde de algo

menester   necesario

montón   mucho

piedra   materia dura que forma la roca

portar   llevar o traer

poseer   tener uno algo en su poder

punible   digno de castigo

puntería   dirección del arma apuntado

rama   partes que nacen del tronco de una planta o árbol

reanudar   volver a empezar

redactar   escribir

reñir   luchar, disputar

riña   lucha, disputa

salvaje   no doméstico

tergiversar   desfigurar la relación de los hechos

tirar   disparar un arma de fuego

tiro   acción de tirar

triste   deplorable

valerse   servirse, hacer uno mismo uso de algo

zozobra   inquietud, ansiedad

REPASO GRAMATICAL

37. Un uso de los pronombres reflexivos: formación de los verbos reflexivos

Uno de los usos de los pronombres reflexivos (**me**, **te**, **se**, **nos**, **os**, **se**) es para formar los llamados verbos reflexivos los cuales, generalmente, expresan la idea de que la persona o sujeto que realiza o ejecuta la acción también recibe los efectos de ella; es decir, que el sujeto y el objeto del verbo son la misma persona.

El criminal **se mató** de un tiro en la cabeza.

Yo **me armé** con una pistola calibre 45.

Nosotros **nos defendemos** de los asesinos.

Al ver al maleante, los esposos **se escondieron** detrás de un automóvil.

EJERCICIOS ────────────────────────────────

A. Cambie al singular o al plural, según el caso, las siguientes oraciones:

> Modelos: **Me asusté** cuando vi al ladrón.
> **Nos asustamos** cuando vimos al ladrón.
> Tú **te defendiste** muy bien.
> Ustedes **se defendieron** muy bien.

1. Uso un revólver cuando **me encuentro** de servicio.   **2.** Tenemos que **defendernos** de los facinerosos.   **3.** La mujer **se escapó** de las manos del violador.
4. Ustedes **se equivocan** con poca frecuencia.   **5.** Los jueces **se ponen** de parte de las víctimas.   **6.** Vosotros **os asustais** con facilidad.   **7.** Nosotros **nos armamos** para **defendernos**.   **8.** El hombre **se destruye** a sí mismo.   **9. Me olvidé** de traer el revólver.   **10.** Los asesinos **se exponen** a que la víctima resista el ataque.

B. Conteste, oralmente y con oración completa, las siguientes preguntas:

1. ¿Cómo se defiende usted de un ataque criminal?   **2.** ¿Se controlan las armas de fuego en los Estados Unidos?   **3.** ¿Quiénes se arman mejor, la policía o los narcotraficantes?   **4.** ¿Quién se acuesta más temprano, la víctima o el ladrón?   **5.** ¿Se cansa usted después de trabajar mucho?   **6.** ¿A qué hora te acostaste anoche?
7. ¿Te has dormido alguna vez viendo una película de horror?   **8.** ¿Deben ustedes quejarse de la protección de la policía?   **9.** ¿Te atreverías a tener una confrontación con un loco?   **10.** ¿Se arrepintieron nuestros abuelos de la Primera Enmienda?

El suicidio

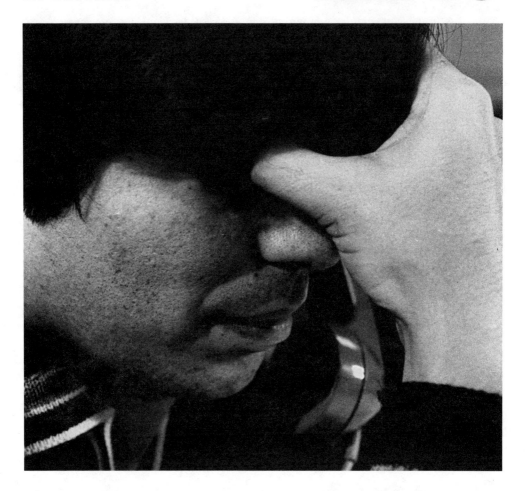

¿Es el suicidio una solución?

Parece que en esta vida no tenemos tanta libertad como pensamos. Primero, considere usted que nadie nos preguntó si queríamos nacer o aceptar el gran regalo de la vida y, generalmente, no podemos escoger cuándo queremos devolver o terminar este regalo que llamamos vida. Digo "generalmente" porque ha habido y habrá individuos que han decidido cuándo y cómo morir. Este fenómeno comúnmente se llama el suicidio.

¿Por qué no podemos, o no debemos, decidir nuestra propia muerte? ¿Por qué en general no se acepta como solución correcta esta forma de muerte? Es posible que cada uno de nosotros, en algún momento, se haya sentido completamente defraudado, derrotado y desesperado, pero

¿cuántos hemos pensado seriamente en dejar esta vida y sus desgracias? Dicen algunos estudios que una gran mayoría, una o más veces en la vida, ha considerado la grave medida de matarse. En algunos casos lo intentan, tal vez simplemente desesperados por llamar la atención de otro. De veras no quieren morir, sino decirle a alguien lo mucho que han sufrido y sufren, y que no pueden aguantar más esa situación determinada. Trágicamente, en algunas ocasiones, lo que comenzó como una solución para llamar la atención, termina en un verdadero suicidio.

¿Qué tipo de persona decide intentar contra su vida y matarse? ¿Es acaso un tipo loco, deprimido, insensato, privado de sentido común, o simplemente un ser que piensa que no puede aguantar más la vida? Las causas para tomar este remedio tan extremo pueden ser muy variadas: una fortuna perdida, un desengaño amoroso, una humillación social, una enfermedad grave, una ambición frustrada o, sencillamente, una vida vacía que no satisface.

Que sea pecado mortal, crimen, una salida cobarde, una solución egoísta o el derecho natural que todos tenemos, el suicidio siempre será un recurso al cual cada uno de nosotros puede recurrir, de acuerdo con las circunstancias de su vida.

PREGUNTAS

1. ¿Está usted feliz de haber nacido? ¿Por qué?
2. ¿Conoce o ha tenido usted alguna experiencia con un caso de suicidio?
3. ¿Cuál es su opinión sobre el suicidio?
4. ¿Cree usted que tenemos el derecho a decidir sobre nuestra vida?
5. En su opinión, ¿es el suicida un valiente o un cobarde?

Tengo el derecho al suicidio

Yo no quiero matarme ni sugiero que otro lo haga, pero estoy convencido de que cada persona tiene el derecho de decidir si quiere vivir o morir. Sé que técnicamente es un crimen, un pecado y una tragedia, pero también, filosóficamente, es un derecho personal que podemos ejercer si queremos.

Los que condenan el suicidio sólo lo contemplan desde el punto de vista negativo, la pérdida de la vida o el gasto de talentos o recursos personales. No hay duda de que tiene un aspecto negativo, pero todo aspecto de la vida tiene un lado negativo. No hay nada completamente feliz ni nada completamente infeliz.

La gloria o nobleza del suicidio se ve en el control que tiene el individuo sobre su vida y si quiere sostenerla. Si alguien no quiere seguir viviendo una existencia inútil, ¿quién puede decirle que necesita persistir en ese empeño deprimente que es su vida? Claro que podemos animarle para que vea lo bueno de la vida, pero al mismo tiempo tenemos que afirmarle su derecho de controlar su propio destino.

¿Cómo es que podemos glorificar el sacrificio que hicieron los mártires de la religión o los héroes de causas políticas y sociales y al mismo tiempo condenar el suicidio de otros? Si alguien arriesga su vida con pocas probabilidades de salvarse, será igual que suicidarse, pero en este caso es un héroe, un mártir, no un suicida.

Si creemos que el suicidio es tan malo, debemos tratar de eliminar las causas que ayudan a provocarlo: la frustración, la miseria, las enfermedades mentales, las vidas inútiles y vacías. En efecto, tenemos que mejorar las condiciones de vida para todos los seres humanos, a fin de evitar más suicidios.

No debemos juzgar las razones ni los motivos por los cuales algunos toman la decisión de no prolongar su pena y sufrimiento. Ayudémoslos si podemos, pero no los condenemos si no hemos pasado por la misma situación. Como dice el refrán, "es mi vida y yo la viviré", también tenemos que aceptar lo contrario, "es mi vida y yo *no* la viviré".

PREGUNTAS

1. ¿Cree usted que hay casos en que el suicidio está justificado? Explique.
2. ¿Cuál sería su reacción si un amigo o familiar le confesara que piensa suicidarse?
3. ¿Qué opina usted de las personas que se inmolan por razones religiosas, patrióticas o de cualquier otra índole?
4. En el caso hipotético de que usted decidiera suicidarse, ¿qué clase de muerte seleccionaría?
5. ¿Qué sabe usted de las estadísticas de suicidio? Hombres, mujeres, jóvenes, adolescentes, viejos, blancos, negros, pobres, ricos, religiosos, ateos, etc..

Nadie tiene el derecho a suicidarse

La vida es preciosa y nunca se debe desperdiciar. Por muchas razones, rechazo por completo que el suicidio sea la solución para una vida difícil. Veámoslas una por una.

Muchos piensan en suicidarse porque han tropezado con una barrera que les parece insuperable. Estas barreras son, sin excepción, vencibles si buscamos la ayuda de otro que, como testigo imparcial, puede ver la salida o solución. Es cuestión de paciencia, no de dispararse una bala en la cabeza.

¿Qué se resuelve con el suicidio? Yo afirmo que "nada", porque el problema, real o imaginario, sigue existiendo filosóficamente. Por ejemplo, alguien que quiere morir por haber perdido en el amor, a través de su muerte, el pobre sigue perdiendo, o mejor dicho, definitivamente ha perdido, sin esperanzas de remediar la situación. Si hubiera seguido insistiendo quizás habría podido cambiar el parecer de su amado, o sólo viviendo habría podido encontrar otro amor mejor. Lo único que hizo con su muerte fue cortarse la posibilidad de cambiar su mala suerte.

Además, si mantenemos y afirmamos el derecho de suicidarse, ¿qué pasará a la vida de este planeta? ¿Cómo afectaría a la sociedad si cada persona decide matarse, por alguna razón u otra? La sociedad se debilitaría porque los problemas no se resolverían; al contrario, nos destruirían uno por uno. En vez de luchar contra el problema, el individuo se diría que no hay solución. Es un verdadero fatalismo con el cual la sociedad no puede vivir.

Por otra parte, si no podemos quitarle la vida a otra (salvo en defensa propia), ¿cómo podemos justificar quitándonosla a nosotros mismos? Si no podemos matar a otro, tampoco podemos matarnos nosotros mismos porque el resultado es igual, una vida perdida.

¿Podrías concebir el caso de matar a alguien por haber perdido en el amor? Seguro que no, pero por la misma razón, ¿cómo puede matarse una persona engañada en el amor? ¿No sería una razón caprichosa, leve, sin fundamento?

Ya podemos ver que desde los puntos de vista social, psicológico, familiar y religioso, el suicidio no es ninguna respuesta a los problemas serios o frívolos de la vida. Lo único que hará un suicidio es crear más angustia y sufrimiento para los familiares y amigos del difunto. Otra cosa, el suicidio de uno produce, algunas veces, una reacción en cadena: crea un sentido de desesperación en el círculo familiar del muerto, lo cual puede producir más tragedias.

Sólo se vive una vez, y la vida es un don precioso de Dios; por eso, ¿para qué sofocar una vida que puede ser fructífera y satisfactoria si sabemos que todos tenemos que pasar vicisitudes, fracasos, engaños, derrotas, cambios y frustraciones, lo cual es sólo parte de esta experiencia que se llama vida?

PREGUNTAS

1. ¿Considera usted el suicidio como un crimen contra la sociedad?
2. ¿Ayudar a alguien a suicidarse es un acto criminal? ¿Por qué?
3. ¿Conoce algún caso en la historia de alguna persona famosa que se haya suicidado por amor?
4. ¿Qué medidas propondría usted para eliminar o, al menos, reducir el suicidio?
5. En su opinión, ¿existe, desde un punto de vista natural, biológico o social, el derecho al suicidio?

V·O·C·A·B·U·L·A·R·I·O

aguantar sostener, sufrir

animar confortar, incitar

arriesgar exponerse a un peligro

ayudar dar asistencia o auxilio

bala proyectil que sale de un arma de fuego

barrera obstáculo, impedimento

caprichoso que obra o actúa sin un fundamento lógico

defraudado engañado, frustrado

derrotado vencido

desengaño descubrimiento del error en que se estaba por el cual uno no conocía la verdad

desgracia adversidad

desperdiciar perder y no utilizar las cosas correctamente

difunto persona muerta

empeño insistencia u obligación de hacer algo

engañar inducir a creer lo que no es verdad

fracaso evento con un fin desafortunado o negativo

inmolar ofrecer en sacrificio una víctima

leve ligero, de poca importancia

parecer opinión

pecado violación de las leyes de Dios

rechazar resistir, refutar

regalo lo que se da en calidad de obsequio o presente

salvo excepto, fuera de

sofocar oprimir, apagar

sostener mantener, tolerar

suerte fortuna

tropezar dar con los pies en algún obstáculo

vacío sin contenido

REPASO GRAMATICAL

38. El participio pasivo como adjetivo

El participio pasivo de los verbos se usa frecuentemente como adjetivo, y como todos los adjetivos, concuerda en genero y número con el nombre que modifica.

Hubo cuatro **personas muertas** en el accidente. (morir)

El era el **hombre preferido** por las mujeres. (preferir)

Ella era **una joven defraudada** por la vida. (defraudar)

EJERCICIOS

A. *Sustituya el nombre que se usa en las siguientes oraciones con los nombres que se dan en paréntesis:*

Modelo: El suicidio es una **solución prohibida** por la iglesia (tema, tragedia).
El suicidio es un **tema prohibido** por la iglesia.
El suicidio es una **tragedia prohibida** por la iglesia.

1. El **hombre** se siente **defraudado** (los niños, la ciudad, las mujeres). **2.** La **vida está bendecida** por Dios (el templo, los religiosos, las aguas). **3.** Las **escuelas** se sienten **conmovidas** por el número de suicidios (el superintendente, los maestros, la sociedad). **4. Todos** estamos **convencidos** de que la vida es buena (el estudiante, la directora, las profesoras). **5.** El **paciente** está **perturbado** mentalmente (la enferma, los locos).

B. *Agregue a las siguientes oraciones la forma adjetival del verbo dado en paréntesis, a fin de calificar al nombre que aparece en negrita:*

Modelo: El suicida terminó con su **vida** (desesperar).
El suicida terminó con su **vida desesperada**.

1. Algunas veces la **vida** de la ciudad conduce al suicidio (apurar). **2.** Las **decisiones** deben tomarse con cuidado (comprometer). **3.** Muchas mujeres se suicidan por un **amor** (frustrar). **4.** La muerte es un **final** (esperar). **5.** Los suicidas potenciales viven **vidas** que los inducen a la muerte (defraudar).

39. El adjetivo negativo

Hay muchos adjetivos en español que no admiten los prefijos **in, des** o ningún otro para formar el negativo. En estos casos se hace uso del vocablo **no** seguido del adjetivo, y en ocasiones pueden usarse **poco** o **nada** con este sentido negativo, aunque parece no existir criterio fijo para determinar en qué casos puede usarse o no estas formas.

¿Es el suicidio un acto trágico o **nada** trágico?

El suicidio es una decisión **no** fácil de tomar.

Vivir la vida es una decisión **poco** difícil de tomar.

La mayor parte de los adjetivos que tienen su forma negativa propia pueden también admitir los vocablos **no** o **nada**, aunque esta opción no es de uso frecuente.

La ayuda al suicidio es **ilegal** (**no** legal, **nada** legal)

El consejo fue **inoportuno** (**no** oportuno, **nada** oportuno).

EJERCICIO

Cambie las siguientes oraciones, usando la forma negativa del adjetivo en uso, según el modelo:

> Fue una acción trágica.
> Fue una acción **no** trágica. (o)
> Fue una acción **nada** trágica.

1. El joven tenía una vida fructífera. **2.** A veces confrontamos problemas difíciles. **3.** Aquella fue una actitud sensata. **4.** La muchacha padecía de una enfermedad grave. **5.** El suicidio es una solución correcta. **6.** ¿Es el suicidio un derecho reconocido? **7.** El problema tuvo un final satisfactorio. **8.** El suicidio es un tema controvertible.

No debemos continuar

Aunque me maravillé del gran espectáculo del primer descenso del hombre en la luna, y me alegré mucho de que el viaje lunar fuera un completo éxito, no podía dejar de reflexionar y sentir un poco de tristeza por todo el procedimiento. Los locutores de la televisión de vez en cuando dieron cifras de todo el costo de este viaje, lo que me hizo meditar en lo que habríamos alcanzado aquí en la tierra con los millones de dólares que costó el llegar a la luna. ¡Cuánta hambre habríamos podido satisfacer! ¡Cuánta pobreza habríamos podido borrar! ¡Cuántas vidas se habrían podido mejorar! ¡Cuántos grandes monumentos, museos, bibliotecas, y escuelas podríamos haber construído! ¡Quién sabe qué se podría haber hecho con estos dólares buscando la paz en este planeta, en vez de otro!

Reflexioné que mientras los astronautas pisaban la superficie lunar en el Mar de la Tranquilidad, millones de hambrientos en este mundo pisaban su triste senda sufriendo los dolores de su infortunio. Mientras los astronautas regresaban a la tierra, yo sabía bien que los pobres de este mundo tendrían que continuar en su miserable vida, esperando tener mañana un poco más de comer.

Aunque el programa de exploración del universo que se está llevando a cabo pudiera continuar, creo que es más necesario e imprescindible que se intensifiquen y aumenten los programas y las acciones para tratar los problemas que nos afligen aquí, en nuestro mundo. No podemos dejarlos sin resolver porque, sabiendo que los hay, nos plagan como un fantasma, de tal forma que no nos permite disfrutar de los grandes acontecimientos como éste de aterrizar en la luna.

Sí, felicito a los astronautas y a los miembros de su equipo, pero todavía continúo sintiendo compasión por los pobres de este mundo.

PREGUNTAS

1. Hasta el momento presente, ¿qué utilidad nos ha dado la exploración del espacio? Explícate.

2. ¿Tienes una idea de lo que cuesta esta exploración?

3. ¿Debemos resolver primero nuestros problemas aquí en la tierra—hambre, desempleo, enfermedades, ignorancia—antes de invertir tanto dinero y esfuerzo en el programa espacial?

4. Si todavía no conocemos bien a nuestro planeta, ¿para qué tratar de conocer otros?

5. Si la luna es un astro muerto, ¿para qué tratar de conquistarlo?

6. ¿Se enfriará algún día el sol, que nos da calor y nos alumbra?

7. ¿Habrá vida en el planeta Marte?

8. ¿Sabes que es un "año de luz"?

Sigamos explorando el espacio

¡Qué vista tan insuperable, tan gloriosa, tan excitante fue el momento de ver las primeras pisadas del hombre en la superficie lunar! Era como un sueño, una maravilla que nunca en mi vida pensé que sucedería. Mi excitación era tanta que, como el presidente y millones de personas en este mundo, me sentía (y todavía me siento) incapaz de describir mis verdaderos sentimientos.

Después de reflexionar un poco, pensé que podía ponerme en el lugar de un miembro de la tripulación de la "Santa María" cuando por primera vez se vio la tierra del Nuevo Mundo; pero inmediatamente me di cuenta de que el "alunizaje" en nuestro satélite era algo más que el descubrimiento de Colón y sus hombres, porque ellos no se enteraron de lo que habían hecho, mientras nosotros sabíamos bien, desde el primer momento, la importancia de la proeza realizada por nuestros contemporáneos. La distinción descansa, pues, en el conocimiento nuestro de lo que hicimos.

Antes del lanzamiento, y después de él, me asombré que habían muchos que criticaban el programa espacial por su alto costo, alegando que mejor se podría emplear para resolver los problemas que nos rodean aquí. Aunque no quiero disminuir lo importante que es resolver los problemas del hambre, la pobreza, y otros males que agobian al mundo, nunca podría imaginar que dejaran de continuar las exploraciones de otros planetas.

¿Qué es más natural en el hombre que su sentido de curiosidad, su afán de saber, su anhelo de conocimiento? Aun los pobres del mundo se alegraban de saber que uno de ellos, ¿no somos todos hombres?, había puesto sus pies en la luna, y que había vuelto sano y salvo a la tierra. Ellos también compartieron el triunfo y la gloria de esta misión, al igual que los españoles sintieron la grandeza del viaje de Colón en 1492. El éxito de los astronautas debía de haberles inspirado, haciéndoles ver que aun "lo imposible" se puede alcanzar.

PREGUNTAS

1. ¿Qué impresión te produjo el primer viaje del hombre a la luna?
2. ¿Te gustaría ser un astronauta? ¿Por qué?
3. ¿Llegará el hombre a visitar los demás planetas de nuestro sistema solar?
4. A juicio tuyo, ¿qué acontecimiento ha sido más importante, el descubrimiento del Nuevo Mundo o el viaje a la luna?
5. ¿Qué aventura fue más peligrosa, el viaje de Colón a través de un océano desconocido, o el viaje de los astronautas a través del espacio?
6. ¿Sabes los nombres de los planetas que componen nuestro sistema solar?
7. ¿Cuán grande es el universo? ¿Es finito o infinito?
8. ¿Te gusta la astronomía? ¿Por qué?

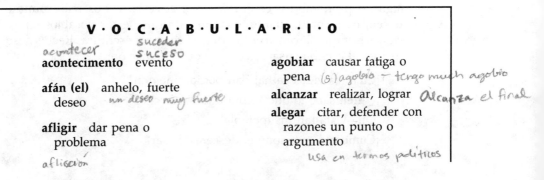

V·O·C·A·B·U·L·A·R·I·O

acontecimiento evento

afán (el) anhelo, fuerte deseo

afligir dar pena o problema

agobiar causar fatiga o pena

alcanzar realizar, lograr

alegar citar, defender con razones un punto o argumento

amerizaje — entrar el mar

alunizaje (el) acción de
descender a la luna

anhelo deseo fuerte, afán

asombrar causar gran
admiración

aterrizaje (el) acción de
descender a la tierra

borrar eliminar, quitar

cifra número

compartir dividir,
participar en algo

darse cuenta (de) saber,
enterarse   *me di cuenta de*

enterarse saber, darse
cuenta de   *to learn about something*

equipo grupo de personas
que juegan o trabajan
juntos

excitante estimulante *emocionante* *thrill-*

excitación (la) acto de   *de alma de*
estimular   *muy física* *mente*

hambriento que siente
hambre

imprescindible que no se
puede omitir; necesario *esencial*

infortunio mala suerte,
mala fortuna

insuperable lo mejor
posible, que no se puede
exceder

launching **lanzamiento** acción de
javalina arrojar o tirar en el aire
lanzar - verbo

locutor (el) persona que
habla por radio o
televisión

llevar a cabo realizar,
lograr

maravillarse admirarse

pisada acción de poner el
pie sobre algo

pisar poner el pie sobre
algo   *epidemía*

plagar hacer daño, causar
calamidad   *plague*

pobreza estado de pobre

proeza acción notable o
valerosa   *heroica*

sano y salvo sin
enfermedad, peligro o
herida   *"safe & sound"*

senda camino   *pequeña*

tripulación los que   *puede hacer de*
trabajan en un barco,   *piedras*
avión o tren   *y adrillos*

vista panorama; lo que se
ve

REPASO GRAMATICAL

40. Las exclamaciones

Una de las maneras de expresar exclamaciones en español es a través de
algunos pronombres, conjunciones y adverbios. Los más comunes son:
quien, que, como, cuanto, cuando. Al usarse estos vocablos en exclamaciones siempre llevan acento ortográfico en su escritura. Recuérdese igualmente, al escribir, usar los signos de exclamación: ¡ . . . . !

¡**Cuántas** vidas se habrían podido mejorar!

¡**Quién** sabe lo que se pudo haber hecho!

¡**Qué** vista tan insuperable!

¡**Cómo** me emocionó el descenso lunar!

¡**Cuándo** dejaremos las exploraciones del espacio!

Además de estos vocablos existen en español otra serie de palabras o expresiones llamadas interjecciones que se usan específicamente para expresar estados de emoción o ánimo. He aquí algunas de las más comunes: ¡**Caramba!**, ¡**Arriba!**, ¡**Caracoles!**, ¡**Diantre!**, ¡**Dios mío!**, ¡**Diablos!**, ¡**Recórcholis!**, ¡**Viva!**, ¡**Hurra!**, ¡**Mejor así!**, ¡**Mejor que mejor!**, ¡**Hola!**, ¡**Qué gracia!**

EJERCICIO

Forme frases exclamativas con las que se dan a continuación, combinándolas con los vocablos que aparecen en paréntesis.

> Modelos: El Presidente de la República. (¡**Viva!**)
> ¡**Viva** el Presidente de la República!
> María baila bien. (¡**Qué!**)
> ¡**Qué** bien baila María!

1. El hambre podría evitarse. (¡Cuánta!)   **2.** Los astronautas son valientes. (¡Qué!) **3.** Muchas vidas podrían mejorarse. (¡Cuántas!)   **4.** Llegaron a la luna. (¡Cómo!) **5.** Sentí una gran emoción. (¡Qué!)   **6.** Grandes museos y bibliotecas podrían construirse. (¡Cuántos!)   **7.** Los astronautas arriesgaron sus vidas. (¡Caracoles!) **8.** Las exploraciones espaciales. (¡Arriba!)   **9.** Le hubiera dicho a Julio Verne. (¡Quién)   **10.** El pueblo se emocionó. (¡Cómo!)

41. Los adjetivos posesivos

Los adjetivos posesivos en español son **mi** o **mío**, **tu** o **tuyo**, **su** o **suyo**, **nuestro** y **vuestro**. Concuerdan en género y número con el nombre que modifican y no con el poseedor. Pueden usarse antes o después del nombre a que se refieren. Las formas **mi, tu** y **su** solamente se usan antes del nombre mientras que **mío, tuyo** y **suyo** se usan después. En general, es más común el uso de los adjetivos posesivos antes del nombre.

> **Mi** excitación fue muy grande.
>
> **Nuestro** mundo es la tierra.
>
> **Tu** visión del porvenir es optimista.
>
> Los astronautas hicieron bien **sus** cálculos.

El uso de los adjetivos posesivos colocándolos después del nombre tiene más bien un motivo enfático, y todos ellos tienen formas femeninas y plurales que concuerdan con el nombre, como ya se ha dicho.

> El astronauta es amigo **mío**.
>
> La luna es el satélite **nuestro**.

El infortunio **suyo** es enorme.

Los contemporáneos **nuestros** han sido héroes.

También, en algunos casos, es posible usar esta forma antes o después del verbo ser.

La gloria es **tuya**. (o) **Tuya** es la gloria.

Debido a que el posesivo **su** o **suyo** no determina con precisión al poseedor, pues puede referirse a él o a ellos, a ella o a ellas, a usted o a ustedes, en frases u oraciones aisladas en que el contexto no clarifica a quien se refiere, se usa entonces la frase preposicional **de él, de ella, de Juan, de los astronautas**, etc., en vez del adjetivo posesivo.

El infortunio **suyo** es enorme. (de Pedro)

El infortunio **de Pedro** es enorme.

EJERCICIOS

A. *Cambie las siguientes oraciones, colocando los adjetivos posesivos antes del nombre:*

Modelo: El infortunio **tuyo** es grande.
Tu infortunio es grande.

1. El sentido de curiosidad **nuestro** es muy natural. **2.** Los sentimientos **míos** son difíciles de describir. **3.** La excitación **tuya** era extraordinaria. **4.** Los pobres siguen con la miserable vida **suya**. **5.** Los anhelos **nuestros** se vieron realizados. **6.** Todo el mundo compartió la gloria **suya**. **7.** Las aspiraciones **nuestras** son llegar a Marte. **8.** El descubrimiento de Colón y los hombres **suyos** fue desconocido por ellos mismos. **9.** La Santa María y la tripulación **suya** llegaron a América. **10.** El coraje **suyo** hizo posible el triunfo.

B. *Cambie el adjetivo posesivo usado en las siguientes oraciones, sustituyéndolo por la frase preposicional dada en paréntesis, a fin de clarificar quién es el poseedor:*

Modelo: **Su** coraje hizo posible el triunfo. (de los astronautas)
El coraje **de los astronautas** hizo posible el triunfo.

1. El entusiasmo **suyo** es contagioso. (de ella) **2.** **Su** afán de saber es muy natural. (del hombre) **3.** **Sus** hombres cooperaron en la empresa. (de Colón) **4.** **Su** sentido de curiosidad es innato. (de usted) **5.** El equipo **suyo** colaboró con entusiasmo. (de ellos) **6.** Todo el mundo compartió **su** gloria. (de los estadounidenses) **7.** **Su** tripulación llegó a América. (de la Santa María) **8.** No me gusta **su** miserable vida. (de los pobres) **9.** **Su** equipo trabajó perfectamente. (de los astronautas) **10.** **Su** alto costo es muy criticable. (del programa)

La herencia

Todos sabemos que a través de la herencia los organismos vivientes— hombres, animales y plantas—transmiten a sus generaciones, por vía de reproducción, ciertos factores o características que determinan, en mayor o menor grado, un parecido con sus progenitores. De ahí que la herencia siempre haya tenido una gran influencia en la evolución y desarrollo de la humanidad, que es a la que en particular nos hemos de referir.

    ¿Hasta qué punto ejerce la ley de la herencia influencia en el hombre, no tan sólo en el aspecto físico y biológico, sino también en el campo de las características mentales, de las emociones, y de las reacciones que en general determinan la conducta o manera de ser del hombre?

143

Es evidente que las características hereditarias de índole física y biológica son de gran importancia en el hombre. Por ejemplo, la determinación de la raza, ya sea negra, blanca, amarilla, roja, o la mezcla de algunas de ellas, influyen muchas veces en el hombre.

La estatura, los rasgos fisonómicos, son también relevantes. Tomemos, por ejemplo, el caso de una mujer extremadamente bonita y hermosa: puede dar lugar a que desarrolle un sentimiento de orgullo, de vanidad, de soberbia que, posiblemente, no lo encontraríamos en una mujer medianamente fea o con poca belleza. Un hombre alto, fuerte, con características físicas no comunes, puede desarrollar un carácter agresivo y violento, mientras que un hombre bajito, débil, enclenque, puede ser invadido por un complejo de inferioridad que posiblemente lo anule en la gran lucha por la vida.

En otro aspecto, la inteligencia, ciertas aptitudes naturales para el ejercicio y desarrollo de las artes, como la pintura, la música, la escultura, pueden ser rasgos que se adquieren por herencia, y los cuales seguramente han de influir en aquéllos que los posean.

No hay dudas, pues, que la herencia es de una extraordinaria importancia en la vida de la humanidad.

PREGUNTAS

1. ¿Qué sabe usted sobre las leyes de la herencia?
2. ¿Qué importancia tiene, en su opinión, la herencia en el desarrollo del hombre?
3. ¿Cuál es su opinión sobre las distintas razas? ¿Cree usted que hay razas superiores a otras, o que, por el contrario, no hay superioridad de una sobre otra?
4. ¿En quién cree usted que la herencia ejerza más influencia, en el hombre o en la mujer?
5. ¿Estima usted que las aptitudes o talentos artísticos se heredan, o que son más bien dones naturales con los que nace una persona?

El medio ambiente

Desde el mismo instante que un ser humano nace a la vida, va a encontrarse con el medio ambiente, que ejercerá sobre él, durante todo el resto de su existencia hasta que muera, una influencia extraordinaria.

Pensemos, por ejemplo, en un muchachito, hijo de padres pobres, sin educación, que viven miserablemente en una pequeña habitación, que carecen de las cosas más simples para cubrir las más elementales necesidades. Pensemos ahora en un niño, hijo de padres ricos, con buena educación, rodeado de todas las comodidades, de todo el confort y ventajas que da una posición adinerada. En general, esos dos niños, a medida que vayan creciendo, ¿pueden tener las mismas ideas, los mismos pensamientos, igual conducta, semejantes reacciones ante iguales problemas? Seguramente que no.

El hombre que ha vivido siempre en el campo o en una pequeña aldea o pueblo, y el hombre que ha vivido en una gran ciudad, que trabaja en una fábrica o industria, ¿tendrán, en general, los mismos puntos de vista sobre un asunto en particular, sobre la manera de solucionarlo? ¿Serán sus reacciones semejantes? Es muy posible que no.

La mentalidad de un hombre que ha vivido siempre en la opulencia, que no ha conocido o que no ha vivido en un medio de miseria, de calamidades, de penurias, no será igual a la de aquél que ha sentido en su carne el aguijón del hambre, que no ha podido satisfacer sus necesidades, que no ha visto hecho realidad ni la más simple de sus ambiciones.

El medio ambiente, sin lugar a dudas, determina en gran parte el destino y la vida del hombre, no obstante las naturales excepciones que siempre se encuentran en toda regla de carácter general.

PREGUNTAS

1. ¿Qué entiende usted por "medio ambiente"?
2. ¿Cree usted que la pobreza o la riqueza son factores muy importantes en la vida del hombre?
3. ¿Cómo determinan las circunstancias geográficas la vida del hombre? Por ejemplo, los que nacen y viven en Groenlandia, o los componentes de las tribus africanas o los indígenas de las Américas.
4. ¿Qué importancia tiene el medio político-social en que se desenvuelve el hombre? Por ejemplo, el que vive en los países comunistas o el de los países democráticos.
5. ¿Cree usted que la religión es un factor importante dentro del medio ambiente?

Herencia y medio ambiente

Herencia y medio ambiente se complementan, y estos dos factores unidos, y gravitando sobre el hombre, habrán de determinar su vida presente y futura. ¿Es más importante la herencia que el medio ambiente, o viceversa? No sabemos y, a fin de cuentas, poco importa determinar ese grado. Lo cierto es que el hombre no puede escapar por entero a su influencia.

Que hay casos en que el hombre rompe esa influencia y, a despecho de las leyes de la herencia y del medio ambiente, forja una personalidad distinta, diferente a la que era de esperar, no hay duda. Pero esto no es más que la excepción que confirma la regla. Estos son hombres fuera de lo corriente, de lo común, hombres superiores, superdotados, y quién sabe si a lo mejor la ley de la herencia ha ejercido en estos casos su influencia, pues ha transmitido cualidades que aunque no parecen pertenecer a sus más próximos antecesores, sí figuraron en otros ascendientes más lejanos.

De todas maneras, el hombre, con sus características hereditarias, con las circunstancias que lo rodean, irá a través de los caminos de la vida bajo la influencia determinante de esos factores. Y así vemos cómo unos son buenos y otros malos, unos inteligentes y otros estúpidos; optimistas, realistas o pesimistas; anárquicos, liberales o conservadores; orgullosos o modestos; pasionales o calculadores; dadivosos o avaros; en fin, desplegando toda la gama de virtudes, vicios, pasiones, perfecciones, fortalezas, debilidades, grandezas y pequeñeces, que han acompañado al hombre desde su creación hasta el presente y que, según todo parece indicar, lo seguirá acompañando hasta el fin de sus días.

PREGUNTAS

1. ¿Cuál de los dos factores ejerce más influencia, la herencia o el medio ambiente? Explique su opinión.

2. ¿Cree usted que existan medios para contrarrestar las características hereditarias o de medio ambiente adversas o perjudiciales? ¿Cuáles serían esos medios?

3. ¿Conoce usted casos en que el hombre ha vencido estas adversidades? Mencione y explique algunos de esos casos.

4. ¿Está usted satisfecho con el medio ambiente en que vive, o anhela algún cambio?

5. ¿Qué características hereditarias favorables ha heredado usted? ¿Cree tener alguna característica hereditaria desfavorable?

V·O·C·A·B·U·L·A·R·I·O

a despecho de a pesar de, contra la voluntad o gusto de uno

a medida que mientras, al mismo tiempo

adinerado que tiene mucho dinero, rico

aguijón (el) punta, extremo, sensación

ambiente (el) conjunto de circunstancias que acompañan a un hombre

anular cancelar, abolir, borrar

ascendiente (el) antecesor

avaro que tiene el afán o deseo fuerte de poseer riqueza

carecer faltar, no tener

comodidad conveniencia

corriente tiempo actual, ahora

dadivoso liberal, generoso

dar lugar a causar, permitir

debilidad falta de fuerza

desarrollar desenvolver

despecho disgusto originado por un desengaño

ejercer realizar, actuar; practicar los actos de un oficio o profesión

enclenque débil, enfermizo

feo no bonito

forjar formar, dar forma

fortaleza fuerza, vigor

gama escala, panorama

gravitar pesar sobre alguien una influencia

herencia el fenómeno de recibir características biológicas de los padres

índole (la) tipo, clase

lejano distante

medio ambiente circunstancias físicas, psicológicas y sociales de la vida

penuria escasez, falta de las cosas necesarias

pequeñez (la) calidad de pequeño

progenitor antecesor en línea recta de uno; padre biológico

rasgo característica notable

raza grupo de humanos caracterizados por el color u otras condiciones físicas

rodear estar algo alrededor de una cosa o persona

semejante que se parece

soberbia exceso en magnificencia, el creerse mejor que los demás

superdotado privilegiado en abundancia o en exceso

ventaja superioridad de una persona o cosa respecto de otra

vicio mala calidad, defecto moral

REPASO GRAMATICAL

42. El pretérito perfecto de indicativo

El pretérito perfecto expresa una acción completada en el pasado inmediato y que puede continuar y producir sus efectos en el presente. Se forma este tiempo con el presente del verbo auxiliar **haber** y el participio pasivo del verbo de que se trate. Recuérdese que el participio pasivo de los verbos se forma con las terminaciones **ado** para los infinitivos que terminan en **ar**, e **ido** para aquéllos que terminan en **ir** y **er**. Solamente un pequeño número de verbos tienen un participio pasivo irregular.

He estudiado mucho.

Has escrito una carta.

Ha tenido oportunidad.

Hemos escapado de la miseria.

Vosotros **habéis terminado** la tarea.

Ustedes **han podido** ver eso.

Ellos **han trabajado** poco.

A continuación se dan los verbos más comunes que tienen participios pasivos irregulares:

Verbo	Participio Pasivo
abrir	abierto
cubrir	cubierto
decir	dicho
descubrir	descubierto
devolver	devuelto
escribir	escrito
hacer	hecho
morir	muerto
poner	puesto
romper	roto
ver	visto
volver	vuelto

EJERCICIOS

A. Conteste las siguientes preguntas, usando el pretérito perfecto en sus respuestas, de acuerdo con estos modelos:

¿La herencia determina la vida?   Sí, la herencia ha determinado la vida.
¿Conoces la miseria?   Sí, he conocido la miseria.

1. ¿Puede el hombre escapar a la influencia de la herencia?   **2.** ¿Transmite la herencia estas cualidades?   **3.** ¿Ejercen los antecesores mucha influencia?   **4.** ¿Confirman estas excepciones la regla?   **5.** ¿Vive él en opulencia?   **6.** ¿Tiene la vida este efecto?   **7.** ¿Anula la herencia el efecto del medio ambiente?   **8.** ¿Los rasgos fisonómicos desarrollan el carácter?   **9.** ¿Soy yo víctima del medio ambiente? **10.** ¿Carecen muchos de las cosas necesarias?

B. Cambie las siguientes oraciones al pretérito perfecto:

Modelo: Se escribe mucho del medio ambiente.
            Se ha escrito mucho del medio ambiente.

1. El hombre rompe esta influencia.   **2.** Se descubre más de la herencia.   **3.** Se hacen experimentos sobre el medio.   **4.** Abrimos los ojos a la realidad.   **5.** ¿Qué dices de las características físicas?   **6.** Esta teoría no muere.   **7.** Se ve que la herencia no explica todo.   **8.** La herencia no cubre estos casos.   **9.** ¿Vuelves a hablar de las excepciones? **10.** El medio ambiente pone de manifiesto la realidad.

43. Otro uso del verbo HABER: haber de + infinitivo

Además de usarse el verbo **haber** como auxiliar en los tiempos compuestos, se usa también para expresar cierta clase de obligación o de probabilidad. En este caso va seguido de la preposición **de** más un verbo en infinitivo.

Hemos de referirnos a estos factores.

El **habrá de forjar** una nueva personalidad.

Has de pensar en lo que te he dicho.

EJERCICIO ────────────────────────────────

Cambie las siguientes oraciones, usando esta forma del verbo **haber,** *a los efectos de expresar obligación o probabilidad.*

Modelo: La herencia ejerce una gran influencia.
La herencia ha de ejercer una gran influencia.

1. El medio ambiente será más importante que la herencia.   **2.** Una mujer hermosa desarrollará un sentimiento de orgullo.   **3.** Un rico piensa distinto que un pobre.   **4.** Las circunstancias producen gran influencia.   **5.** La mezcla de razas favorece el entendimiento entre los hombres.   **6.** El complejo de inferioridad anuló su iniciativa.   **7.** Los progenitores transmitieron sus características físicas. **8.** El hombre forja su propia vida.   **9.** La herencia y el medio ambiente determinarán tu futuro.   **10.** Su inteligencia dio lugar a que lo envidiaran.

La homosexualidad

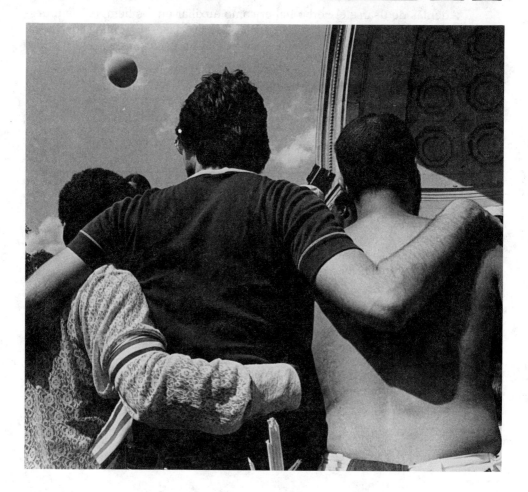

CAPITULO 21

Una introducción a la homosexualidad

Se ha dicho que la homosexualidad es tan vieja como la prostitución. Todos sabemos el significado de este vocablo: las relaciones sexuales entre individuos del mismo sexo. ¿Qué factores provocan o dan lugar a la existencia de este fenómeno? No vamos a tratar de determinarlos, pero es importante notar que también la homosexualidad existe entre algunos animales. Vamos a exponer aquí algunos aspectos e ideas sobre este tema que, en nuestros días, ha alcanzado una gran actualidad, al menos en nuestra cultura occidental.

Para los jóvenes, la discusión de este tema puede ser algo común y natural. Para las personas de anteriores generaciones no lo fue. Decenios atrás el tema era "tabú". Todos conocían su existencia, pero sólo se hablaba de él a *sotto voce*. Los homosexuales trataban de esconder, evadir o, por lo menos, ser muy discretos en sus manifestaciones.

En tiempos recientes esta actitud ha cambiado radicalmente. Hoy los homosexuales, hombres y mujeres, hacen ostentación de su condición; se agrupan; hacen declaraciones; desfilan por las calles; exigen derechos y reclaman reivindicaciones. ¿Qué creen ustedes de todo esto?

PREGUNTAS

1. ¿Puede usted citar algunos factores que dan lugar a la homosexualidad?

2. En su opinión, ¿por qué el tema de la homosexualidad se discute abiertamente?

3. ¿Es la homosexualidad una causa de discriminación para obtener un trabajo o posición? Cite algún caso que usted conozca.

4. ¿Existen algunas manifestaciones o síntomas en niños que al llegar a la edad adulta son homosexuales?

5. ¿Conoce usted algún personaje histórico, hombre o mujer, que se diga fue homosexual?

6. ¿Por qué, en su opinión, este tema en tiempos pasados se consideraba "tabu"?

Aceptemos a los homosexuales

Los homosexuales son seres humanos y tienen los mismos derechos y responsabilidades en la sociedad que los que no lo son. Tienen el inalienable derecho de seleccionar sus afectos, de escoger las personas por las cuales ellos sientan simpatía, afinidad o amor. Tienen el derecho de expresar sus sentimientos, sus ideas, sus inquietudes. Tienen el derecho al trabajo, a ocupar cualquier posición, grande o pequeña, importante o intranscendente, de gran responsabilidad o irrelevante, si reúne las habilidades y conocimientos para desempeñarla.

No debemos castigar a los homosexuales por su condición de tales, discriminándolos, situándolos en lugar aparte, marginándolos, hostigándolos como entes despreciables.

¿Qué derecho tenemos a calificar su conducta, o entremeternos en su vida íntima siempre y cuando esta conducta no lesione los derechos de los demás? Cada cual haga con su cuerpo lo que más le guste o convenga. Todos necesitamos el afecto y la intimidad con otro ser.

La homosexualidad es tan natural como la heterosexualidad. Es como nacer hombre o nacer mujer. Todos somos producto de nuestro medio ambiente y de nuestra herencia, y los homosexuales existen también por esas dos razones, no por su propia voluntad. No es una enfermedad, como muchos dicen, ni es una aberración o un producto de las anomalías de la sociedad.

En definitiva, los homosexuales son dignos de respeto y consideración, y no debemos creer que los que no lo son constituyen un grupo superior.

PREGUNTAS

1. ¿Simpatiza usted con los homosexuales? ¿Qué opinión tiene usted de ellos?
2. ¿Cree usted que la homosexualidad es una enfermedad o una aberración?
3. ¿Considera usted que la homosexualidad es tan natural como la heterosexualidad?
4. ¿Cree usted que el uso de las drogas tiene alguna influencia en la homosexualidad?
5. ¿Es verdad que los hombres homosexuales son más débiles que los que no lo son?

La homosexualidad es execrable

Tengo un amigo que dice abominar a los homosexuales, llamándolos invertidos, sodomitas, afeminados, y otras cosas por el estilo. Los considera despreciables, inferiores, anormales y, en el mejor de los casos, enfermos. No concibe que un hombre pueda amar sexualmente a otro hombre. Lo mismo dice respecto a la mujer. Cree que el hombre se ha hecho para la mujer, y viceversa.

La atracción o el instinto sexual existe en todo ser viviente. Es a través de la relación entre diferentes sexos que se procrean las especies, y así se perpetúan. ¿Cómo es posible concebir la homosexualidad, que va en contra de esta ley de la naturaleza? Qué bonito es ver a una pareja de enamorados, hombre y mujer, en el acto de la ceremonia nupcial, bendecidos por el sacerdote, y exhortados a que constituyan una familia, a que se multipliquen, a que tengan hijos, para que estos hijos, a su vez, crezcan y se casen y procreen a sus hijos, y así hasta el infinito, porque ésta es la forma de preservar y garantizar la existencia del ser humano.

¿Qué pueden crear los homosexuales? Nada que sea positivo, nada que ayude a la humanidad. Por el contrario, si algo producen es confusión, engaño, frustración. Ellos, productos de la unión de sus padres, están negándolos. ¿Cómo van a perpetuarse? No, y mil veces no. Los homosexuales son un factor totalmente negativo en la sociedad humana.

Para colmo de los males, se dice que han traído y contribuído a la propagación de la terrible y mortal enfermedad conocida con el nombre de Síndrome de Inmunodeficiencia Adquirida (SIDA). No hay dudas que la propagación del SIDA es un terrible castigo a la raza humana por permitir esas relaciones inmorales entre el mismo sexo.

PREGUNTAS

1. En su opinión, ¿es la homosexualidad más criticable entre los hombres o entre las mujeres?

2. ¿Considera usted peligrosa la homosexualidad para el buen desenvolvimiento de la sociedad en general?

3. El Síndrome de Inmunodeficiencia Adquirida (SIDA), ¿es una consecuencia o resultado de la práctica de la homosexualidad?

4. ¿Cómo usted explica que siendo la homosexualidad tan vieja como la historia de la humanidad, el SIDA haya aparecido hace poco tiempo?

5. En su opinión, ¿debemos culpar a los homosexuales de la existencia del SIDA?

V·O·C·A·B·U·L·A·R·I·O

alcanzar lograr, obtener algo *alcanzar la meta* *"to reach"*

ayudar prestar, dar cooperación

ambiente circunstancias que rodean a las personas o cosas

adentrarse penetrar en lo interior de una cosa *meterse* *adentro*

colmo lo que razonablemente no se puede superar *este es el colmo* *"this is the pits"*

crecer aumentarse de tamaño naturalmente los cuerpos

cuerpo sustancia, materia

castigar ejecutar una pena impuesta al que ha cometido una falta

decenio período de diez años *usa más que década*

desfilar marchar grupos de personas por algún lugar *filas (s)*

despreciable lo que no es objeto de estimación *"dispicable"*

esconder ocultar, encubrir

escoger seleccionar

enfermedad alteración de la salud

enamorado que siente amor por algo o alquien

engaño lo que no es verdad

falta ausencia de una cosa necesaria o útil

intranscendente no importante, no sobrepasar un dominio del conocimiento

invertido concúbito entre personas del mismo sexo *tendencia que son malas*

lesionar causar perjuicio, detrimento *dañar*

pareja conjunto de dos personas o cosas

reivindicación acción de recuperar u obtener lo que le pertenece a uno *"vindication"*

reclamar exigir una cosa

reunir juntar, congregar

sodomita homosexual

REPASO GRAMATICAL

44. Los grados de comparación de los adjetivos

Los grados de comparación son de igualdad, de desigualdad y superlativo.

Para comparar los adjetivos en un grado de igualdad se usan en español los vocablos **tan** y **como**. Ejemplos:

La homosexualidad es **tan** controvertible **como** el narcotráfico.

El derecho al trabajo es **tan** importante **como** el derecho de locomoción.

Para comparar los adjetivos en un grado de desigualdad se usan en español los vocablos **más** o **menos** (según la desigualdad sea de superioridad o de inferioridad) y **que**. El vocablo **de** se usa en lugar de **que** cuando el adjetivo es un núnero. Ejemplos:

En San Francisco los homosexuales son **más** numerosos **que** en Nueva York.

El SIDA es **menos** común en los anglosajones **que** en los hispanos.

En Inglaterra hay **más de** cien hospitales que investigan el SIDA.

El grado de comparación superlativo se forma con los vocablos **más** o **menos** (según se indique superioridad o inferioridad) precedido por el artículo definido y seguido, regularmente, por el vocablo **de.** Ejemplos:

La prostitución es **la más** antigua **de** las profesiones.

La homosexualidad es **el menos** discutido **de** los temas.

EJERCICIOS: ─────────────────────────────

A. Cambie las siguientes oraciones, expresando grado de igualdad:

Modelo: La homosexualidad y la prostitución son funestas.
La homosexualidad es **tan** funesta **como** la prostitución.

1. Las hormonas y las glándulas son importantes.   **2.** La discriminación y el hostigamiento son antihumanos.   **3.** Los niños y los jóvenes están amenazados por el SIDA.   **4.** El gobierno y las instituciones cívicas están conscientes del peligro.   **5.** Las lesbianas y los hombres invertidos están preocupados por la enfermedad del SIDA.   **6.** Las instituciones religiosas y los políticos son muy discretos.   **7.** La prostitución y la drogadicción son execrables.   **8.** Los homosexuales y los heterosexuales son humanos.   **9.** Los padres y los sacerdotes son dignos de respeto.   **10.** El cáncer y el SIDA son enfermedades mortales.

B. *Cambie las oraciones de la letra A, expresando un grado de desigualdad inferior:*

Modelo: La homosexualidad y la prostitución son funestas.
La homosexualidad es **menos** funesta **que** la prostitución.

C. *Cambie las oraciones de la letra A, expresando un grado de desigualdad superior:*

Modelo: La homosexualidad y la prostitución son funestas.
La homosexualidad es **más** funesta **que** la prostitución.

D. *Cambie las siguientes oraciones expresando un grado de comparación superlativo, primero de superioridad y después de inferioridad, y usando como elemento de comparación el vocablo o la expresión dada en paréntesis:*

Modelo: La Argentina es una nación religiosa (América del Sur).
La Argentina es **la** nación **más** religiosa **de** América del Sur.
La Argentina es **la** nación **menos** religiosa **de** América del Sur.

1. Miami es una ciudad muy conflictiva (La Florida). 2. Aquel hombre era afeminado (grupo). 3. La fuerza moral es necesaria (todas). 4. Los católicos de Buenos Aires son fanáticos (La Argentina). 5. Los jueces federales de Los Angeles fueron muy estrictos (California). 6. La homosexualidad es execrable (aberraciones). 7. Aquellos individuos eran pervertidos (ciudad). 8. Ese sodomita era peligroso (comunidad). 9. El SIDA es mortal (síndromes). 10. El tópico de la homosexualidad era ''tabú'' (todos los temas).

¿Dónde estoy?

Para este segundo juego se aplican las mismas reglas básicas dadas para el primero.

1. ¿Estás en la tierra? *Sí.*
2. ¿Estás en el hemisferio oriental? *No.*
3. ¿Estás en Europa? *Sí.*
4. ¿Estás en el norte de Europa? *No.*
5. ¿Estás en Francia? *No.*
6. ¿Estás cerca de Italia? *Bastante.*
7. ¿Estás al oeste de Italia? *Sí.*
8. ¿En una isla? *No.*
9. ¿En una ciudad? *No.*
10. ¿Estás cerca del mar? *Sí.*
11. ¿Tiene fama por sus playas? *No.*
12. ¿Es una nación independiente? *No.*
13. ¿Es una provincia de un país? *No.*
14. ¿Estás en España? *Bueno, en cierta forma sí, y en cierta forma no.*
15. ¿Estás en Portugal? *No.*
16. ¿Es una colonia de otro país? *No, realmente.*
17. ¿Es parte de una nación europea? *Sí.*
18. ¿Es una atracción turística? *Sí.*
19. ¿Estás cerca de Africa? *Sí.*
20. ¿Estás en el Peñón de Gibraltar? *Efectivamente, ahí es donde estoy.*

REPASO GRAMATICAL

45. El verbo ESTAR y sus usos

El verbo **estar** siempre nos da la idea de lugar, sitio o posición geográfica, física, o figurada, de una persona o cosa. Esta idea puede ser permanente o temporal.

¿Dónde **están** tus tíos?

Creo que **estarán** ya en el hospital.

San José es la capital de Costa Rica; **está** en el centro del país.

El aeropuerto **está** en las afueras, lejos del centro de la ciudad.

Lucho **estaba** allí con su novia.

Siempre **estarás** en mis pensamientos.

Con **estar** se habla de una condición accidental, no normal, de una persona o cosa. Generalmente, esta condición es temporal.

¿Cómo **está** la sopa? **Está** muy fría.

José **estaba** muy triste ayer, pero hoy **está** contentísimo.

¿Cómo **estará** mañana?

Stalin **estuvo** gravemente enfermo durante más de un año.

El verbo **estar** indica el estado que ha resultado de otra acción.

El rey **estaba** muerto. El asesino lo mató.

Estamos listos para este examen. Estudiamos mucho.

El fonógrafo **está** roto. Mi hermano lo rompió.

El verbo **estar** con el participio presente forma los tiempos progresivos.

Ella **estaba** llorando cuando yo vine.

Estará durmiendo.

Debe **estar** practicando ahora.

Estar puede usarse para expresar opinión general.

Este ejercicio **está** muy difícil.

Esta novela **estuvo** muy interesante.

EJERCICIO

Conteste las siguientes preguntas con oración completa:

1. ¿Dónde estará tu profesor de inglés ahora? **2.** ¿Está París en el centro o en el sur de Francia? **3.** ¿Qué estás haciendo ahora? **4.** ¿Está roto el reloj, o camina bien? **5.** ¿Cómo está el agua del lago Michigan ahora, fría o caliente? **6.** ¿Han estado ustedes en España? **7.** ¿Estaba enfermo Roosevelt antes de su muerte? **8.** El último concierto de la música "rock", ¿estuvo muy bueno o muy malo? **9.** ¿Estás muy cómodo en tu silla? **10.** ¿Estarías más cómodo en una cama? **11.** ¿Está bonito el día o hace frío? **12.** ¿Había estado Napoleón en Waterloo antes de 1815? **13.** ¿Están locos los comunistas? **14.** ¿Hace tiempo que estás interesado en la política? **15.** ¿Estás a favor o en contra de la legalización de la mariguana? **16.** ¿Cuántos países africanos estaban libres antes de 1950? **17.** ¿Estabas cansado al acostarte anoche? **18.** ¿Están ustedes seguros de conseguir una buena nota en esta clase? **19.** ¿Te alegras de estar en una clase de español? **20.** ¿Ya estás aburrido con estas preguntas?

El testigo ante un ataque físico

CAPITULO 22

El testigo interviene

Caminamos por una calle de una ciudad cualquiera. No importa la hora. Por la acera opuesta viene, también caminando, una señora de mediana edad, y detrás de ella un muchachón, de tal vez no más de diecisiete años. De pronto, el jovenzuelo se lanza contra la señora y trata de arrebatarle el bolso que lleva en su brazo izquierdo. Ella se defiende y resiste la agresión. El pillo, enfurecido, comienza a golpearla y la lanza al pavimento, donde la patea fuertemente.

¿Cuál es nuestra reacción ante este ataque de que es víctima una indefensa mujer? ¿Debemos intervenir y ayudar a la débil criatura o, por el contrario, será mejor abstenernos de toda intervención en este hecho?

Un principio de solidaridad humana, un sentimiento de indignación ante la cobarde conducta del criminal, nos debe impulsar inmediatamente a salir en defensa de la persona injustamente atacada, y con riesgo de nuestra seguridad personal, arremeter contra el atacante y evitar por todos los medios a nuestro alcance que prosiga en su despiadada acción.

No debemos considerarnos héroes, ni debemos creernos que estamos actuando con un espíritu quijotesco y que hemos salido a la calle para "enderezar entuertos", ni mucho menos. Si tenemos un poco de sangre en las venas resulta casi imposible concebir que podamos asistir impasibles a ese brutal ataque, y sin detenernos a considerar las posibles consecuencias que pudiera traer consigo nuestra defensa, es nuestro deber de hombre civilizado, consciente de nuestro papel en la sociedad en que convivimos, intervenir y salir en defensa de un semejante que está siendo lesionado por uno que no tiene derecho alguno a formar parte activa de nuestra sociedad, sino que, por el contrario, debe ser confinado a una prisión o reformatorio, con la esperanza de que pueda meditar sobre su reprobable actitud y, quizás, volver, ya arrepentido, a constituir un valor positivo en la comunidad.

PREGUNTAS

1. ¿Qué opinión tiene usted de la persona que interviene ante un ataque injusto a un semejante?

2. ¿Conoce usted algún caso de ataque injusto, en que otra persona ha salido en defensa del atacado?

3. ¿Qué opina usted del individuo que ataca a otra persona indefensa, para robarle o abusar de ella?

4. ¿Qué entiende usted por "espíritu quijotesco"? ¿Conoce usted a Don Quijote? ¿Quién es?

5. ¿Cree usted que el atacante debe ser penado severamente, aun cuando apenas haya lesionado al atacado, a virtud de haber intervenido otra persona?

El testigo no interviene

De muchos casos conocemos, principalmente aquí en los Estados Unidos, de personas testigos presenciales de ataques físicos a otros semejantes y que han visto impasibles como un indefenso anciano o una bella joven han sido asesinados por un malvado criminal, sin que estos testigos hayan hecho lo más mínimo para detener la injusta agresión, ni tan siquiera llamar a la policía.

¿Cómo explican estos testigos su pasiva actitud? ¿Qué dicen para justificar su abstención? Ante todo, manifiestan que los protagonistas son personas que ellos no conocen, que igualmente desconocen los motivos que hayan dado origen al ataque, y que, por lo tanto, es un asunto que no les concierne, que no es de ellos. En segundo lugar, no quieren intervenir en un hecho que puede producirles una lesión en su seguridad personal, pues podrían ser heridos o muertos por el atacante, y porque, en el mejor de los casos, esa intervención acarrearía en el futuro una serie de inconvenientes y trastornos, como sería su comparecencia y declaración ante las autoridades encargadas de investigar, juzgar y sancionar el delito cometido.

En resumen, no quieren en forma alguna verse envueltos en un incidente de esa naturaleza. El asunto o ataque no es contra ellos y, por lo tanto, no intervienen. Que sea la policía, o un pariente o familiar de la víctima quien intervenga.

El testigo, sin nexos inmediatos, proseguirá su camino o, simplemente, volverá a la cama donde dormía cuando fue despertado por los gritos de angustia y de terror producidos por la indefensa víctima; y, mientras tanto, el criminal terminará impunemente su infame tarea, ahogando en sangre y muerte el último clamor de la desafortunada persona.

PREGUNTAS

1. ¿Qué opina usted de la persona que presencia impasible un ataque injusto a un semejante?

2. ¿Qué factores cree usted que influyen en un individuo para no intervenir en estos casos?

3. Si usted fuera testigo de un ataque injusto, ¿qué haría usted?

4. ¿Conoce usted algún caso en particular sobre este asunto, o ha presenciado usted alguna vez un ataque injusto a una persona?

5. ¿Por qué cree usted que en los Estados Unidos la mayor parte de las personas se abstienen de intervenir en estos casos?

V·O·C·A·B·U·L·A·R·I·O

abstenerse no intervenir en algo

acarrear producir

acera camino pavimentado al lado de la calle para el paso de los peatones

alcance (el) disposición, capacidad

arrebatar quitar una cosa violentamente a alguien

arremeter acometer o atacar con ímpetu o violencia

arrepentirse sentir pena por una acción cometida o por una omisión

comparecencia   acto de
   presentarse ante una
   autoridad legal o judicial

dar origen   originar

despiadado   que no tiene
   piedad o compasión

enderezar entuertos
   corregir agravios o males,
   causados injustamente

envuelto   complicado,
   mezclado, enredado,
   comprometido

impasible   indiferente,
   insensible

impune   sin castigo

lesionado   herido, dañado

malhechor   que comete un
   delito

malvado   perverso, muy
   malo

nexo   unión de una cosa
   con otra

patear   golpear con los
   pies

pillo   persona mala,
   pícaro, ladino

presenciar   estar presente,
   ser testigo

quijotesco   que procede en
   forma grave y
   presuntuosa, idealístico

riesgo   posibilidad de daño
   o peligro

trastorno   lo que produce
   un cambio perjudicial o
   un detrimento

REPASO GRAMATICAL

46. Diminutivos y aumentativos

En el lenguaje diario y popular del español son muy usados tanto los diminutivos como los aumentativos. En general, puede afirmarse que todos los nombres son susceptibles de usarse en forma diminutiva o aumentativa. También los adjetivos y adverbios, en su mayoría, gozan de esta cualidad.

Las formas diminutivas no tan sólo sirven para expresar la idea de pequeño, sino también como demostración de afecto y cariño y, en algunos casos, pueden expresar desprecio, inferioridad o menoscabo. Estos diminutivos se forman con ciertos sufijos o terminaciones que se añaden al nombre, adjetivo o adverbio. La terminación de más uso es **ito** y su femenino **ita**. También son de uso común las terminaciones **cito, illo, ico** y **cillo**. Véase estos ejemplos de diminutivos con idea de pequeño:

La **niñita** fue secuestrada por el malhechor.

El **muchachito** gritó al ver que atacaban a su mamá.

El pobre **pajarillo** murió de una pedrada.

El criminal hirió gravemente al **viejecito**.

He aquí algunos ejemplos en los que se expresa cariño o afecto:

Vamos mi **hijito**, cómete la **comidita** y la **lechita**.

Mi **amorcito**, te quiero **muchito**, ven y dame un **besito**.

¡Qué **buenita** eres, hiciste todo el **trabajito** que te pedí!

Ejemplos de diminutivos que expresan desprecio, inferioridad:

Este **abogadito** (o **abogadillo**) se cree un Emilio Zola.

El **juececillo** condenó a los acusados.

Juan no es más que un **doctorcito** petulante.

En cuanto a los aumentativos, además de expresar la idea de grande, también pueden manifestar desprecio, insulto, menoscabo. Estos aumentativos se forman con ciertos sufijos o terminaciones. Los más corrientes son **ón** y su femenino **ona; acho, azo, ote**, y sus femeninos. Ejemplos de aumentativos con la idea de grande:

Antonio tiene una **cabezota** más grande que el Edificio Empire State.

Ellos viven en una **casona**.

El **perrazo** mordió con furia al ladrón.

Pedro es un **hombrón** de seis pies y medio.

Ejemplos de aumentativos que expresan desprecio, etc.:

Ese **ricacho** no le da nada a los pobres.

El hombre usó unas **palabrotas** tremendas.

EJERCICIOS

A. Haga uso de las formas diminutivas, haciendo los cambios necesarios, en las siguientes oraciones:

1. La **joven** fue golpeada brutalmente. **2.** El testigo no ayudó a la **anciana**. **3.** El atacante le arrebató el reloj al **muchacho**. **4.** La **casa** fue destruida por el fuego. **5.** La **iglesia** fue saqueada por los pillos. **6.** Mi **vida**, ten cuidado con los maleantes. **7. Papá**, dame dinero para ir al cine. **8.** El **maestro** no sabía lo que iba a decir. **9.** El **abogado** no supo defender al acusado. **10.** El **jefe** creaba muchos problemas.

B. Haga uso de los aumentativos estudiados, en las siguientes oraciones:

1. Aquellas **manos** apretaron el cuello de la víctima. **2.** La **mujer** medía casi siete pies de estatura. **3.** Tenía unos **ojos** negros bellísimos. **4.** La **muchacha** estaba robando en la tienda. **5.** El criminal usaba unas **palabras** indecentes. **6.** Aquel **libro** no servía para nada. **7.** La **cara** de María es única. **8.** El **hombre** tenía más miedo que un ratón. **9.** El **gato** parecía un tigre. **10.** El **muchacho** era adicto a las drogas.

El narcotráfico

CAPITULO 23

Flagelo de la humanidad

Sin dudas, el mal más terrible, peligroso y trágico que existe en estos momentos que vive la humanidad es el narcotráfico, o tráfico de drogas. El narcotráfico comprende la producción, la fabricación, la localización, la distribución y la venta de drogas, que trae consigo el uso y las consecuencias del mismo.

La batalla contra las drogas ha producido, hasta ahora, pocos resultados positivos. Las terribles consecuencias que este flagelo trae consigo son incalculables: asesinato, homicidio, suicidio, violación, robo, chantaje, soborno, corrupción, enriquecimiento indebido e ilegal, pobreza, hambre, enfermedades, odio, venganza, traición. Es el compendio de todos los males. Es peor que la más terrible de las guerras, porque éstas, a veces, tienen una finalidad que puede favorecer a la humanidad. Otro aspecto muy peligroso del tráfico de drogas es la creación de un grupo organizado de criminales que, gracias al fabuloso enriquecimiento que este tráfico les produce, constituyen una fuerza poderosísima que llega hasta el extremo de retar a las autoridades gubernamentales de un país o nación, poniendo en peligro la estabilidad del gobierno.

Existen muchas clases de drogas, unas más poderosas que otras, pero todas fatales para el ser humano: cocaína, heroína, morfina, opio, mariguana . . ., y combinaciones de algunas de éstas como por ejemplo el "crack". Mezcladas con el alcohol, las drogas son devastadoras.

Las consecuencias de su uso son simplemente trágicas. Las personas que las consumen son drogadictos. Obviamente, en algunas ocasiones, se usa por primera vez; pero la persona reacciona, y no vuelve a probarla nunca más. Otras, vuelven por segunda vez, tercera, cuarta. . . . Estas personas, posiblemente tienen algún problema emocional, moral, familiar o de cualquier otro tipo, y encuentran un escape, al menos transitorio, de su crisis. La droga los trasladan a un mundo de fantasía, donde todo parece más fácil, más atractivo, donde sus penas terminan.

Desafortunadamente, después de un tiempo de uso continuado de la droga, la persona no puede vivir sin ella. Se convierte en un drogadicto. Un paria, un zombie, un desesperado, un esclavo de su vicio, un obsesionado, un criminal, la persona asesina, roba, y viola, si con ello logra satisfacer la necesidad del vicio que la ha llevado al abismo.

Dos extremas soluciones se han propuesto para acabar con este flagelo: a) Declaración del uso legal de las drogas—al igual que se hizo con el alcohol; b) Continuación de la batalla, con todos los recursos disponibles, para destruirlo.

PREGUNTAS

1. En general, ¿cuál es su opinión del problema del tráfico de drogas?

2. ¿Cómo combatiría usted el narcotráfico?

3. ¿Qué opinión tiene usted de los narcotraficantes? ¿Qué clase de individuos son?

4. ¿Qué opina usted de los drogadictos? ¿Qué clase de personas son?

5. ¿Cuáles son las consecuencias o resultados del tráfico de drogas?

6. En su opinión, ¿qué droga cree usted que es la más dañina, y por qué?

7. ¿Qué opina usted de la mariguana, en particular?

Legalización del uso de las drogas

El imperio de las drogas es el más poderoso de todos los grupos organizados del crimen. ¿Por qué es tan poderoso? Porque el producto o materia prima que lo sostiene se ha declarado ilegal. El día que se declare legal su consumisión, ese mismo día el imperio se derrumba. Ya no tiene razón de ser. Los que lo regían no podrán competir con el organismo que el gobierno de la nación habrá de crear para el control de la venta y uso de la materia letal.

Muchas personas se horrorizan al pensar en la posibilidad de que se legalice el expendio y consumo de las drogas, pero otras creen que esta es la única solución para acabar con la organización de criminales que controlan el narcotráfico.

Se ha comprobado que la lucha contra esta plaga ha resultado hasta ahora casi baldía. No importa que las autoridades de aduana y de policía ocupen grandes cargamentos de la droga y pongan en prisión a unos cuantos traficantes. Lo que sobra es el producto, y los expendedores se multiplican, estimulados por las fabulosas ganancias que el "negocio" proporciona.

¿Cuánto cuesta esta batalla, esta lucha? Centenares de millones de dólares se invierten en esta contienda, sin resultados positivos, y todo esto sin contar con las vidas que se pierden, con los sufrimientos, calamidades, enfermedades y miseria que produce.

La existencia del drogadicto es el motor que trágicamente mueve esta máquina infernal. ¿Cómo podemos terminar con el drogadicto? Curándolo, educándolo. Si no hay personas que usen drogas, el problema está resuelto. Es muy fácil decirlo, pero sabemos cuan difícil es que se convierta en realidad.

¿Quién vendería la droga que ha de declararse legal? No se vendería en los supermercados o en las farmacias de la ciudad. Se vendería en establecimientos especiales, operados por autoridades de los gobiernos estatales, como se hizo cuando se declaró legal el consumo de las bebidas alcohólicas, y a un precio, tal vez, veinte o cincuenta veces más barato de lo que costaba cuando la venta era ilegal y estaba controlada por los narcotraficantes.

Todo esto puede parecer una incongruencia, un absurdo, un contrasentido, pero no lo es. El gobierno desplegaría una publicidad y propaganda masiva constante. Todo el dinero que antes se gastaba en la lucha contra el tráfico de drogas, más lo que se recaude por la venta, se usaría ahora para ayudar, sanar y orientar al drogadicto, y para alertar a toda la ciudadanía en general.

La venta de drogas por parte del organismo gubernamental será algo muy peculiar, muy *sui generis*. En vez de anunciar y hacer propaganda a favor del consumo se haría todo lo opuesto, todo lo contrario. En las paredes, en los estantes del local, se desplegarían grandes y bien visibles letreros donde se informaría de las nocivas, terribles y trágicas consecuencias que consigo trae el consumo de las drogas, e incitarían a los consumidores a que dejaran el vicio.

Así, poco a poco, se iría exterminando al monstruo, hasta que llegara el día en que se cerraran esos establecimientos porque ya no habría clientes, no habría parroquianos que acudieran a ellos a comprar la droga maldita.

PREGUNTAS

1. ¿Cree usted que la legalización de las drogas acabaría con el narcotráfico? Explique su criterio.
2. ¿Cree usted que el gobierno de los Estados Unidos hizo bien cuando declaró la legalización de las bebidas alcohólicas? Razone su respuesta.
3. Si las drogas fueran legalizadas, ¿se atrevería usted a probarlas y usarlas?
4. ¿Es fácil, en los momentos actuales, comprar las drogas?
5. ¿Cómo cree usted que reaccionarían los narcotraficantes si las drogas fueran legalizadas?
6. ¿Qué plan propondría usted para terminar con el drogadicto?

Guerra al narcotráfico

La legalización de la venta de drogas es un absurdo, un contrasentido, aun cuando esto se haga a través de un control total y absoluto por parte de las autoridades gubernamentales. Esto traería un aumento considerable de drogadictos, debido a lo fácil y barato de obtener la droga.

Al narcotraficante, a los grandes y poderosísimos "magnates" del multimillonario negocio hay que combatirlos a sangre y fuego. Estos criminales son muy poderosos, están muy bien organizados, gozan de extraordinaria influencia, sobornan a las autoridades, amenazan a los jueces, y asesinan, si es necesario, a quienes se les oponen.

Hay un proverbio español que dice "a grandes males, grandes remedios". Para combatir al narcotraficante y vencerlo no se puede andar con "paños calientes". Hay que usar mano de hierro.

Hasta ahora los narcotraficantes se ríen de las autoridades gubernamentales que tratan de detener este tráfico. Se ríen de las instituciones cívicas, religiosas y educacionales que, a través de los medios afines a cada una de ellas, luchan por su erradicación.

Hay sólo un medio para vencer este "cáncer social" que amenaza con destruir todo lo bueno que existe. El único medio es la guerra—pero una guerra en toda la acepción del vocablo. Una guerra donde se mobilicen las fuerzas armadas de aire, mar y tierra de la nación. Una guerra donde las fuerzas aéreas bombardeen y arrasen con todas las plantaciones de mariguana, de coca, de adormidera. Una guerra donde las fuerzas de mar vigilen las vías marítimas por donde transitan las embarcaciones que transportan la droga, las detengan y, si necesario fuera, las echen a pique. Una guerra donde las fuerzas de tierra invadan todos los reductos donde se fabrica, se elabora y se envasa el maldito estupefaciente, destruyan todas las instalaciones, y detengan y hagan prisioneros a todos los que se encuentren en el lugar. Posiblemente estas instalaciones estarían defendidas por una tropa mercenaria, bien adiestrada y armada, y haría resistencia y se produciría una batalla donde habría bajas de uno y otro lado. Los prisioneros serían juzgados como criminales de guerra y serían condenados, según su importancia y participación, a la pena de muerte o a prisión perpetua.

PREGUNTAS

1. ¿Creen ustedes que sería posible que los Estados Unidos y otras naciones declararan una guerra formal al narcotráfico?
2. ¿Qué sería necesario para una formal declaración de guerra?
3. En su opinión, ¿cuál es la función de las Fuerzas Armadas de un país o nación?
4. ¿Sabe usted cuáles son los países que producen mayor cantidad de cocaína, opio y mariguana?
5. ¿Qué sanciones o penas impondría usted a los traficantes de drogas?
6. ¿Cree usted que los drogadictos deben ser puestos en prisión?
7. ¿Qué se puede hacer para que los drogadictos no usen más drogas?

V·O·C·A·B·U·L·A·R·I·O

abismo profundidad muy grande; (*fig.*) cosa inmensa, incomprensible

acabar terminar, finalizar

acudir llegar, arribar a un sitio o lugar

adormidera planta de la cual extraen el opio

aduana lugar donde se inspeccionan las cosas que vienen de otros países

afines próximo, continuamente

amenazar hacer temer un daño o mal

arrasar destruir

baja pérdida de un individuo

baldío ineficaz, inútil

cargamento conjunto de cosas que se transportan

cerrar (*fig.*) poner fin a las actividades de uno

chantaje acto de sacar dinero de uno, amenazándolo con el hecho de difamarlo

compendio resumen

contienda pelea, disputa

dañino que hace daño

derrumbarse caerse

desplegar poner en práctica una actividad

echar a pique hacer que un transporte marino se hunda en el mar

estante en una tienda, lugar donde se coloca o exhibe la mercancía

flagelo *(fig.)* calamidad, aflición

ganancia utilidad que resulta de una acción

gozar tener cierta cosa útil o beneficiosa, disfrutar de algo beneficioso

letal mortal, mortífero

letrero rótulo, inscripción

materia prima substancia original de la cual se obtienen otros productos

paños calientes *(fig.)* expresión popular que indica que los remedios son ineficaces

paria persona ínfima, despreciable, sin valores de ninguna clase, hombre despreciado por los demás

parroquiano cliente

penas sufrimientos

plaga abundancia de una cosa nociva y peligrosa

proverbio frase que expresa un pensamiento de sabiduría popular

recaudar colectar, percibir cantidades de dinero

retar incitar a alguien a luchar contra algo o contra otra persona

soborno acción de corromper a uno con dinero para conseguir de él una cosa

sobrar haber de una cosa más de lo necesario

tienda lugar de comercio donde se puede comprar algo

venganza causar un daño a quien anteriormente nos produjo otro daño

vigilar observar a alguien o algo para evitar que cause un daño

violación acción de forzar a una persona al acto sexual

violar abusar sexualmente de una persona por la fuerza

REPASO GRAMATICAL

47. La forma impersonal HAY

Hay es la forma impersonal, especial, de la tercera persona singular del verbo **haber**, en el tiempo presente de indicativo. Se usa siempre en singular, aun cuando el objeto sea plural. Expresa la idea de existencia. En los demás tiempos se usa la forma regular: **hubo**, para el pretérito; **había**, para el imperfecto; **habrá**, para el futuro, etc. En la lengua inglesa no existe una forma singular, con un solo vocablo, para estos casos.

Hay muchas clases de drogas.

Había muchos drogadictos en los hospitales.

Solamente **habrá** dos traficantes vendiendo la droga.

Ha habido muchos crímenes recientemente.

Entre los detenidos **hubo** veinte mujeres.

Hay varias ciudades muy peligrosas en los Estados Unidos.

Hay, seguida de **que**, más un verbo en infinitivo, da la idea de obligación o necesidad en forma impersonal:

Hay que terminar con el narcotráfico.

Hubo que emplear las Fuerzas Armadas.

Había que destruir los depósitos de cocaína.

EJERCICIO

Conteste, con oración completa, las siguientes preguntas:

1. ¿Cree usted que hay muchos drogadictos en esta ciudad?   **2.** ¿Ha habido una campaña fuerte para erradicar el narcotráfico?   **3.** En la televisión local, ¿hubo alguna noticia relacionada con el tráfico de drogas?   **4.** ¿Cuándo hay más consumo de la droga, durante el fin de semana o de lunes a viernes?   **5.** En su opinión, ¿habrá que declarar una guerra formal a los traficantes de drogas?   **6.** ¿Cree usted que habría más uso de la droga si ésta se declarara legal?   **7.** En años anteriores, ¿hubo más crímenes relacionados con las drogas que en el momento actual?   **8.** ¿Cree usted que en el futuro habrá más control?   **9.** Si no hay personas que usen drogas, ¿se resolvería el problema?   **10.** ¿Hay unas drogas más poderosas que otras?   **11.** ¿Cree usted que habrá más o menos narcotraficantes en el futuro?   **12.** En la lengua inglesa, ¿hay algún proverbio que exprese la misma idea del proverbio español "a grandes males, grandes remedios"?   **13.** ¿Hubo muchos traficantes durante la prohibición del alcohol?   **14.** En el estado de La Florida, ¿hay plantaciones de mariguana?   **15.** ¿En qué país hay más tráfico de drogas?   **16.** ¿Habrá que combatir el narcotráfico a sangre y fuego?   **17.** ¿Por qué hubo que declarar la legalización del consumo de las bebidas alcohólicas?   **18.** En su opinión, ¿hay razón para poner en prisión a los drogadictos?

Es necesaria

El derecho más fundamental de todo ser viviente es el de conservar y continuar su vida o existencia; de ahí que pueda tomar cualquier remedio o acción en su propia defensa. Nadie duda que un individuo puede salir en su propia defensa en caso de ser atacado. La vida nos lo exige, porque sólo con este instinto primordial ella se perpetúa.

La sociedad también tiene su vida y el instinto que la hace continuar. La pena de muerte es parte de esto; es un principio básico que muchas sociedades han adoptado para la defensa de sus miembros. La pena de muerte es, sobre todo, un castigo por un ataque personal a uno o más de sus componentes.

También se debe considerar el sistema de valores que tenemos. ¿Qué vale una vida? ¿Cinco años de encarcelamiento? ¿Diez años? Si uno ha tomado la vida de otro, ¿no debe ser castigado? Si el castigo es de diez años, de quince años, ¿no decimos que, en realidad, la vida del difunto valía diez años de encarcelamiento del matador? Una vida vale una vida. El que se la quita a otro debe tener la suya quitada también. Sí, la antigua ley de "ojo por ojo, diente por diente" es legítima.

Llámelo venganza o no, para mí es el castigo justo para uno que se ha querido imponer a la ley. Al terminar con la vida de un semejante, el asesino dice, en efecto, que para él las leyes de la sociedad no valen nada, y algo más grave, que la vida es algo que se puede tomar cuando se quiera. Bueno, si la vida tiene tan poco valor para él, afirmemos nosotros su gloria, diciéndole al homicida que la vida que él tomó tiene que ser pagada con un precio alto. Este precio no puede ser otro que el de su propia vida. Sólo así damos su propio valor. Una sentencia ligera sería igual que aceptar que la vida de la víctima valía nada.

PREGUNTAS

1. Si usted está de acuerdo con la pena de muerte, dé sus razones.
2. En todos los casos en que una persona le quita la vida a otra, ¿debe aplicarse la pena de muerte?
3. ¿Cuáles son los factores o elementos necesarios en un homicidio? ¿Un homicidio premeditado merece la pena de muerte?
4. ¿Existe la pena de muerte en los Estados Unidos? ¿Cómo se aplica?
5. ¿Debe aplicarse la pena de muerte en los casos de asesinatos, genocidios, traición a la patria?
6. ¿Debe aplicarse la pena de muerte a los que cometen crímenes pasionales?
7. ¿Recuerda usted algún caso famoso en que se aplicó la pena de muerte?
8. Si usted fuera gobernador de un estado donde existe la pena capital, ¿haría uso del derecho de suspender la ejecución?
9. ¿Qué interpretación le da usted a la sentencia bíblica: "ojo por ojo, diente por diente"?
10. ¿Qué clase o forma de ejecución es menos inhumana: silla eléctrica, cámara de gas, ahorcamiento, fusilamiento?

Es injusta e inútil

Uno de los vestigios más antiguos de las civilizaciones primitivas es el de la pena de muerte. Aún se conserva en muchas sociedades modernas, pero poco a poco las más civilizadas ven la contradicción inherente en tal ley: la de decir que la vida es sagrada, mientras el Estado se la toma a uno.

¿Cómo podemos mantener tal estupidez en nuestra sociedad, sabiendo que ni evita más homicidios ni nos hace estimar más nuestra preciosa existencia?

Sí, es verdad que el acto de matar a un semejante es tan repugnante que en realidad no hay nada peor en la vida, pero ¿desde cuándo se puede justificar una matanza por otra? Si la primera fue tan mala, ¿cómo puede ser la segunda buena? Si se estima la vida tanto, ¿cómo se puede quitar la de un ser humano, aunque éste sea un miembro menos meritorio? Hable usted con alguien que haya sido testigo de una ejecución por el Estado y pregúntele si se sintió protegido o más civilizado, o si se sintió en la presencia de un acto sagrado. La matanza de cualquiera que sea, del hombre más noble o del tipo más cruel, no tiene gloria alguna.

Desde otro punto de vista, bien se sabe que un homicidio es, por lo general, un crimen de pasión, mientras que la pena de muerte es deliberada y bien pensada. Los actos de pasión son irrazonables y nunca podrán ser controlados por una ley. No hay ninguna reflexión en tal acto, y por eso la pena capital no va a evitarlo. De ahí que, en realidad, no logra su objetivo de reducir los homicidios, siendo más un sentido de justificación y venganza para la sociedad.

Si Dios nos dio la vida, ¿cómo podemos nosotros quitársela a otro? Claro que no podemos. Ya es hora de que actuemos más como seres razonables y compasivos, en vez de actuar como animales brutales.

PREGUNTAS

1. Si usted no es partidario de la pena de muerte, explique sus razones.

2. ¿Cree usted que no debe haber excepción alguna a la prohibición de la pena capital? Razone su respuesta.

3. ¿Cree usted que la pena de muerte, en alguna forma, disminuye la realización de crímenes contra la vida?

4. ¿Sabe usted de algunos países donde no existe la pena capital? ¿Cuál ha sido el resultado de esta medida? ¿Han disminuído o, por el contrario, han aumentado los crímenes contra la vida?

5. ¿Qué medidas deben tomarse en relación con el individuo que ha cometido asesinatos en distintas ocasiones, y que no ha sido condenado a la pena de muerte por estar ésta prohibida?

6. ¿Cree usted en la rehabilitación de los criminales?

7. ¿Cree usted que la sociedad debe eliminar físicamente a sus miembros que son completamente nocivos a ella?

V·O·C·A·B·U·L·A·R·I·O

abolir derogar, eliminar

ahorcamiento quitarle la vida a uno colgándolo del cuello

anciana vieja, mujer de muchos años

cámara de gas sala donde se ejecuta al criminal por medio del gas

campaña todas las acciones que se pueden aplicar para lograr un fin

cargos acusaciones

castigo pena que se impone al que ha cometido una falta o crimen

conmutar cambiar una cosa por otra

cuchillada ataque o herida por un cuchillo o una espada

de ahí que consecuentemente, lógicamente

difunto el muerto, el que murió

ejecución (la) acto legal por el cual se le quita la vida a uno, ajusticiamiento

encarcelamiento acción o efecto de estar en la cárcel o en prisión

esposas pulseras de hierro para sujetar las manos de los presos

evitar apartar o escapar de un peligro o un daño

fiscal (el) abogado representante del estado o de la sociedad

fusilamiento acción de ejecutar a alguien por arma de fuego

fusilar ejecutar por tiros o disparos de armas de fuego

homicida persona que causa la muerte a otro ilegalmente

homicidio acto de matar a otro en contra de la ley

imponerse enfrentarse forzozamente con pretensiones de superioridad

matanza acción de matar

medida medio

nocivo malo, perjudicial, ofensivo

patria país o nación donde uno nace

primordial primero, fundamental

principio fundamento

reo persona acusada de algún crimen

sagrado de orígenes religiosos o divinos.

semejante prójimo, vecino

traición (la) deslealtad, infidelidad

traidor el que comete traición

venganza satisfacción que toma uno de un daño recibido

vestigio señal, signo, o indicación que queda de alguna cosa o suceso

viviente que vive, vivo

REPASO GRAMATICAL

48. Pronombres objetos de verbos

Los pronombres objetos de verbos son aquellos pronombres que, como su nombre lo indica, son objetos de una forma verbal, es decir, no son los sujetos del verbo sino los objetos del mismo, ya sea en forma directa o indirecta. En la simple oración *ella me ama*, el pronombre **ella** es el sujeto de la forma verbal **ama**, ya que es quien ejecuta la acción de amar, mientras que el pronombre **me** es el objeto de la forma verbal **ama**, ya que es quien recibe la acción del verbo **amar**. Así, pues, podemos decir que **me** es un pronombre objeto directo de la expresión verbal **ama**.

Por regla general, los pronombres objetos de la tercera persona vienen a sustituir al nombre, común o propio, objeto del verbo, evitando así la necesidad de repetir dicho nombre. Por ejemplo:

Escribo **una carta**.

La escribo.

En la primera de estas expresiones estamos usando la frase nominal **una carta** como objeto directo de la forma verbal **escribo**. En la segunda, estamos usando el pronombre **la** en sustitución de la frase **una carta**, evitando así su repetición. Es evidente que el vocablo **la**, en este caso, tiene la función de un pronombre objeto directo de la forma verbal **escribo**. Se dice, en este caso, que tanto el nombre como el pronombre son objetos directos del verbo porque la acción de éste se ejerce directamente sobre dicho nombre o pronombre. Regularmente el objeto directo de un verbo responde a la pregunta *¿qué . . .?*, representando los puntos sucesivos el verbo de que se trate. En el ejemplo dado, la pregunta sería *¿qué escribo?* Obviamente la respuesta será: *una carta*.

Hemos dicho también que un nombre o pronombre puede ser objeto **indirecto** de un verbo. En la oración *escribo una carta a mi novia*, la forma nominal a **mi novia** es el objeto indirecto de la forma verbal **escribo**. Asimismo, esta forma nominal **a mi novia** puede ser sustituída por un pronombre, con igual función de objeto indirecto del verbo, y con la finalidad de no repetir la forma nominal. Veamos un ejemplo:

Escribo una carta **a mi novia**.

Le escribo una carta.

En la segunda oración, la palabra **le** es un pronombre que sustituye a la forma nominal **a mi novia**. Así, pues, podremos decir que un nombre o pronombre objeto indirecto de un verbo es el que representa la persona o cosa a la cual, sin ser objeto directo, afecta la acción del verbo. Regularmente responde a la pregunta *¿a quién?* o *¿para quién?*, *¿a qué?* o *¿para qué?*, y lleva por tanto las preposiciones *a* o *para*.

A continuación se dan los pronombres objetos de verbos, que se agrupan en directos e indirectos.

Directos	Indirectos
me	me
te	te
lo, la	le
nos	nos
os	os
los, las	les

Muchas personas, principalmente en España, usan los pronombres indirectos **le** y **les** como objetos directos, cuando se refieren a personas masculinas, en vez de usar **lo** y **los**.

Como puede apreciarse, los pronombres correspondientes a las primera y segunda personas del singular y plural son los mismos para los indirectos que para los indirectos, por lo que en la práctica no debemos precuparnos si dichos pronombres son objetos directos o indirectos del verbo de que se trate. Sin embargo, cuando sea necesario usar los correspondientes a la tercera persona, sí es importante distinguir si el objeto es directo o indirecto, ya que no son los mismos.

Veamos un buen número de ejemplos, para ilustrar el uso de estos pronombres y la función que desempeñan:

El juez ordenó **la ejecución.** (**la ejecución**, nom. obj. dir.)

La ordenó en nombre de la ley. (**la**, pron. obj. dir.)

El criminal **me** lanzó **una cuchillada.** (**me.**, pron. obj. ind.; **una cuchillada,** nom. obj. dir.)

Me la lanzó con furia. (**me**, pron. obj. ind.; **la**, pron. obj. dir.)

Quiero mucho **a mi madre.** (**a mi madre**, nom. obj. dir.)

¿Por qué **la** quieres? (**la**, pron. obj. dir.)

La quiero porque ella es muy buena. (**la**, pron. obj. dir.)

La patria **nos** pide **sacrificio.** (**nos**, pron. obj. ind.; **sacrificio**, nom. obj. dir.)

¿Por qué **nos lo** pide? (**nos**, pron. obj. ind.; **lo**, pron. obj. dir.)

En los casos en que en una oración se usan pronombres directos e indirectos, el indirecto va antes del directo, como se puede apreciar en el último ejemplo dado. He aquí otro ejemplo de este caso:

Ella **te** escribió una carta.

Ella **te la** escribió.

En español es muy usual y común, en los casos en que se usa un nombre como objeto indirecto del verbo, usar al mismo tiempo el correspondiente pronombre de la misma clase.

El juez **le** conmutó la pena **al criminal**.

Les estoy escribiendo **a mis padres.**

El policía **le** puso las esposas **al ladrón**.

Cuando en una misma oración se usan pronombres directos e indirectos, y ambos pertenecen a la tercera persona, el indirecto **le** o **les** se cambia o se convierte a la forma **se**.

Pedro **le** escribió una carta a su tío.

El **se la** escribió.

En general, los pronombres, directos e indirectos, objetos de un verbo, preceden al verbo. Solamente en los mandatos afirmativos es que van unidos a la forma verbal, no así cuando el mandato es negativo.

Escriba una carta.

Escríba**la**.

No **la** escriba.

Pueden también unirse estos pronombres a un verbo en infinitivo o a un gerundio, cuando dicho infinitivo o gerundio va precedido de otra forma verbal, aunque en estos casos puede seguirse la regla general de anteponerlos a la forma verbal de que se trate. Veamos algunos ejemplos de estos casos:

El gobernador quiere dar**nos** una conferencia. (o)

El gobernador **nos** quiere dar una conferencia.

Quiere dár**nosla** porque cree que es útil. (o)

Nos la quiere dar porque cree que es útil.

El Congreso está suprimiendo la pena de muerte.

Está suprimiéndo**la** por inhumana. (o)

La está suprimiendo por inhumana.

En los casos en que el verbo en uso es reflexivo, el pronombre de esta clase va antes de cualquier otro pronombre objeto del mismo, ya sea directo o indirecto.

Juan **se** cortó la cara. (**se**, reflexivo)

Se la cortó con un cuchillo. (**se**, reflexivo; **la**, directo)

El ladrón **se le** escapó al policía. (**se**, reflexivo; **le**, indirecto)

EJERCICIOS ─────────────────────────────────

A. Conteste las siguientes preguntas, usando el o los correspondientes pronombres objetos, de acuerdo con los modelos:

¿Amas la libertad?
Sí, **la** amo.
¿Le quitaron el revólver al ladrón?
Sí, **se lo** quitaron.

1. ¿Ejecutaron al asesino? **2.** ¿Le conmutaron la pena de muerte al reo? **3.** ¿Pidió el abogado un nuevo juicio? **4.** ¿Teme usted a la justicia? **5.** ¿Quiere ver usted al juez? **6.** ¿Debemos ayudar a la policía? **7.** ¿Te gustaría conocer al jurado? **8.** ¿Rehusó el acusado contestar la pregunta? **9.** ¿Ha visto usted una silla eléctrica? **10.** ¿El jurado declaró inocente o culpable al acusado?

B. Conteste las siguientes preguntas, de acuerdo con el modelo:

¿Escribiste los ejercicios?
Sí **los** escribí, pero no quería escribir**los**. (o)
Sí, **los** escribí, pero no **los** quería escribir.

1. ¿Condenaron al matador? **2.** ¿Vieron ustedes la ejecución? **3.** ¿Abolieron la pena de muerte? **4.** ¿Le conmutaron la pena capital al reo? **5.** ¿Le probaron al acusado los cargos?

C. Conteste, de acuerdo con el modelo:

¿Apruebas la pena de muerte?
No, no **la** apruebo; nunca podré aprobar**la**. (o)
No, no **la** apruebo; nunca **la** podré aprobar.

1. ¿Defendiste al asesino? **2.** ¿Has visto la prisión de Alcatraz? **3.** ¿Conoces al abogado Perry Mason? **4.** ¿Entiendes al juez? **5.** ¿Fusilaron al traidor?

D. Conteste, de acuerdo con el modelo:

¿Estuviste leyendo la sentencia?
Sí, estuve leyéndo**la**. (o)
Sí, **la** estuve leyendo.

1. ¿Continúa el fiscal acusando al criminal? **2.** ¿Sigue el jurado deliberando el caso? **3.** ¿Le están celebrando el juicio al acusado? **4.** ¿El defensor está rebatiendo los cargos del fiscal? **5.** ¿Seguirán aplicando la pena de muerte en los Estados Unidos?

E. *¿Cómo completaría usted estas oraciones? Trate:*

1. Si una persona mata a otra, ¿debemos quitarle la vida al matador? Sí, debemos . . . **2.** Un hombre que asesina a una pobre anciana, ¿merece compasión? No, no . . . **3.** La pena capital es inhumana; debemos hacer una campaña. ¿Quiere usted . . .? **4.** Los crímenes de traición a la patria merecen la pena de muerte. ¿Confirma usted esta opinión? Sí, . . . **5.** El traidor debe ser fusilado. ¿Le conmutaría usted la pena? No, no . . .

El abogado debe defender

Pongamos por caso el de una persona que ha sido acusada de haber cometido un asesinato y que, según todas las evidencias y pruebas que existen, es culpable del delito que se le imputa, pues inclusive esta persona confesó haber realizado el hecho criminal. Sin embargo, por un olvido o negligencia de las autoridades policíacas no se le advirtió, en el primer momento de su detención, del derecho que tenía de no hablar o declarar nada sobre el caso, si así lo quería.

Si un abogado alega en el juicio que se omitió este trámite, es seguro que el acusado quedará libre, por no haberse cumplido con ese tecnicismo legal. ¿Debe el abogado defender al acusado y lograr su absolución?

Nuestra respuesta es afirmativa. Debe defenderlo. Para eso es abogado. Cuando se decidió a estudiar para abogado y ejercer esa profesión, sabía que durante el ejercicio de su carrera se le presentarían toda clase de situaciones, y habría casos en que su cliente tendría la razón y el derecho, pero habría otros en que no los tendría. Como abogado tiene el deber de defender, en todo momento, a su cliente. No importa que éste sea verdaderamente culpable de un delito contra la vida. Si a través de un tecnicismo legal él puede obtener la absolución de su cliente, no debe vacilar en hacerlo.

Después de todo él está actuando dentro de la ley; él no está mintiendo, él es honesto consigo mismo, con su cliente, con los jueces, con la sociedad. Si las leyes procesales del estado dicen que es ineludible cumplir con el trámite que se omitió, él debe alegarlo en favor de su defendido y obtener su libertad. Igualmente, el juez que conozca del caso no tendrá otra alternativa que disponer la libertad del acusado.

Y no es lícito argumentar que es injusto que una persona realmente culpable de un acto criminal se vea en libertad, porque sencillamente él ha hecho uso de un derecho que las leyes de la comunidad a que pertenece le concede. Si la sociedad entiende que esto va en contra de sus intereses, ¿por qué, entonces, reconoce ese derecho? En sus manos está la solución: modifique o derogue ese requisito o tecnicismo legal. Pero no hay dudas que mientras exista un medio por el cual el abogado pueda favorecer a su cliente, debe hacer uso de ese medio. Con razón o sin ella, es deber ineludible del abogado defender a su patrocinado.

PREGUNTAS

1. ¿Qué opina usted del derecho del acusado de abstenerse a declarar?
2. ¿Cree usted que la omisión de advertirlo de ese derecho sea causa suficiente para que quede en libertad, a pesar de que haya cometido el crimen que se le imputa? Razone su respuesta.
3. ¿Piensa usted estudiar para abogado, o le gustaría ser abogado?
4. ¿Qué opinión tiene usted, en general, de los abogados?
5. ¿Estima usted que los abogados deben defender en todos los casos a sus clientes?

El abogado no debe defender

Pero, ¿cómo es posible concebir que un abogado que ciertamente sabe que la persona que requiere sus servicios profesionales es un vil asesino, la vaya a defender y obtener su libertad basándose en un tecnicismo legal?

No creemos que esta sea la verdadera función del abogado. Estimamos que el abogado, como hombre, como profesional, como valor positivo dentro de la sociedad, tiene el deber, ante todo, de defender a la sociedad, y no a un miembro de ésta, que ha violado sus principios y que ha lesionado gravemente sus intereses. Este abogado no podría estar a bien con su propia conciencia y con sus principios morales si se decidiera a defender y a lograr la libertad de alguien que, inclusive, pudiera el día de mañana, ya libre, atacarlo a él o a algún miembro de su familia.

Un abogado, en este caso, no debe pensar que va a ganar unos cuantos dólares más, ni que es su obligación, como abogado, defender al criminal. No importa que exista una ley procesal que favorezca al acusado. Si quiere ser útil a la comunidad, debe hacer lo posible para que el crimen no quede impune, es decir, sin castigo. Los abogados, así como los jueces, magistrados y autoridades policíacas, que se dedican a que la justicia se aplique y se cumpla, no pueden permitir de ninguna manera tal cosa. ¿Es esta la forma de servir a la justicia, dejar en libertad a una persona que ha cometido un grave delito?

El tecnicismo legal debe ser anulado, o no debe aplicarse, por ser injusto, inmoral, discriminador, disociable. Y aquél que lo aplicara habría que decirle que no está cumpliendo con el sagrado deber de defender a la justicia y la razón. ¿Qué pueden pensar de él los familiares y amigos de la víctima, al ver que, valiéndose de un ardid o un truco legalista, va a lograr que el victimario quede en libertad? ¿No es esto una burla? ¿No es esto una agresión a las personas honradas y decentes, que son respetuosas de las leyes, que protegen a los componentes de la comunidad? Realmente que se perdería el estímulo para continuar siendo un buen ciudadano.

No, y mil veces no. El abogado, en este caso, no debe defender al criminal. Su deber es quedar bien consigo mismo y con la comunidad a que pertenece.

PREGUNTAS

1. Si usted fuera abogado, ¿defendería al acusado en este caso?

2. ¿Qué entiende usted por justicia?

3. ¿Conoce usted algún caso verdadero en el cual se alegó este tecnicismo legal y el acusado quedó en libertad?

4. ¿Qué cree usted de las leyes procesales de este país? ¿Deben modificarse algunas de ellas, o en general todas son buenas?

5. Si las leyes penales que castigan los delitos en general tienen como finalidad la protección de la sociedad, ¿cómo es posible que existan también algunas que protejan al criminal?

V·O·C·A·B·U·L·A·R·I·O

advertir (ie, i) llamar la atención, prevenir

alegar citar

anular cancelar, negar

ardid (el) artificio, astucia

burla acción por la que se convierte a una persona o cosa en objeto de risa

burlarse de reírse, no tener respeto a alguien o algo

calificar atribuir calidad

concebir pensar, formar una idea

contar con confiar en una persona o cosa

cuestión (la) asunto, tópico

cumplir ejecutar

declarar dar testimonio, testificar

derogar abolir, anular

disociable que separa, desune

disponer colocar, poner en orden

ejercer practicar

estar a bien estar tranquilo

estar de acuerdo tener la misma opinión

impune sin castigo

imputar atribuir a uno la culpa, acusar

ineludible inevitable

patrocinado cliente, defendido

pertenecer ser parte o miembro de un cuerpo u organización

procesal relativo a un proceso judicial

proceso diligencias judiciales de una causa

sinrazón (la) falta de sentido o razón

trámite (el) paso, proceso

truco engaño, fraude

victimario asesino

REPASO GRAMATICAL

49. PARA QUE y el subjuntivo

La frase **para que** siempre va seguida del subjuntivo porque indica una acción que puede ocurrir pero no es seguro o cierto que occura.

Debemos hacer lo posible **para que** el crimen no **quede** impune.

El abogado lo defenderá **para que** la justicia **sea** servida.

EJERCICIO ─────────────────────────────────────

Cambie las siguientes oraciones al tiempo presente:

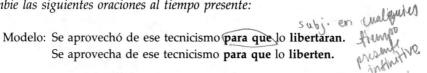

   Modelo: Se aprovechó de ese tecnicismo **para que** lo libertaran.
               Se aprovecha de ese tecnicismo **para que** lo **liberten.**

1. El acusado no confesó su culpa para que el abogado tuviera más confianza en él.
2. La Corte Suprema cambió la ley para que nadie fuera víctima de la injusticia.
3. A los criminales les gustaban esos tecnicismos para que hubiera más oportunidades de evadir la justicia.   **4.** El juez no quería mostrar parcialidad para que no se impidiera la justicia.   **5.** El abogado hizo todo lo posible para que su cliente no recibiera una sentencia severa.

50. Los pronombres como objetos de preposiciones

Los pronombres que pueden ser objetos de preposiciones son, en español, los mismos que se usan como pronombres personales, con la excepción de los correspondientes a las primera y segunda personas del singular, que en este caso son **mí** y **ti.**

   Es **por ti** y los radicales que hay tanto crimen.

   ¿Qué dice la ley? **Según ella**, la confesión es inválida.

   No hay nada que nos proteja **a nosotros** los ciudadanos.

   Estas leyes están **en contra de ustedes.**

   ¿Las leyes federales? No sé mucho **de ellas.**

   Lo juraría **ante ustedes** o **ante él.**

   Las leyes son para todos, **para mí** y **para vosotros.**

EJERCICIOS ─────────────────────────────────────

A. Use la forma correcta del objeto, según los modelos:

   Modelos: **¿El juez?** No sé nada **de él.**
             ¿La víctima? Las leyes no son **para ella.**

1. ¿El pueblo? La justicia es para _____.   **2.** ¿Los acusados? Los tecnicismos trabajan a favor de _____.   **3.** ¿La policía? Las nuevas leyes están en contra de _____.   **4.** ¿El delito? El acusado fue culpable de _____.   **5.** ¿Los derechos? Se ha hecho uso de _____.   **6.** ¿Los hechos? La corte no se dio cuenta de _____.   **7.** ¿Tú y yo? Ellos no piensan en _____.   **8.** ¿La justicia? A veces los abogados se olvidan de _____.   **9.** ¿Su inocencia? La víctima no puede contar con _____.   **10.** ¿El juicio? Se escribió mucho en el periódico sobre _____.

B. Conteste las siguientes preguntas usando el pronombre objeto apropiado?

Modelo: ¿La justicia es **para mí?**
   Sí, es **para ti. (usted)**

1. ¿Se burlan ellos **de la justicia? 2.** ¿Es **por las cortes** que hay tanto crimen?
3. ¿**Según la policía,** tienen la culpa los liberales? **4.** ¿Las sentencias ligeras van
acompañadas **por más crímenes? 5.** ¿Se escribe mucho **sobre el proceso judicial
actual? 6.** ¿Te acuerdas **del juicio? 7.** ¿Insisten en la imparcialidad **de los
jueces? 8.** ¿Confías **en nuestro sistema legal? 9.** ¿Crees que las leyes trabajan
en contra de ti? 10. ¿Produce una mala reacción **en ustedes** la situación criminal
de hoy?

Apoyo la censura

Aunque básicamente estaría en contra del concepto de la censura, veo en ella algo esencial en cualquier sociedad: la necesidad de proteger al público de la mentira, del libelo, de la indecencia. El objetivo de la censura no es el de sofocar ni coaccionar al verdadero artista, científico o periodista que trata de buscar la verdad y formas nuevas de expresión, sino el de prohibir la obra de los artistas falsos, de los pseudocientíficos, de los vendedores de la suciedad y la pornografía, de los que abusan y se aprovechan de la sociedad.

¿No tenemos regulaciones y leyes en cualquier nación, aun la más democrática y libre? Claro que las tenemos, porque son necesarias para el orden público y la protección del ciudadano. Tenemos leyes civiles, federales, estatales, municipales y más fundamentalmente, leyes morales y naturales, porque sólo con ellas se puede tener una vida más o menos tranquila y ordenada. Sin ellas lo que nos espera es la confusión y el libertinaje, que trae como resultado que el bien común se deteriore, se debilite, se vea en peligro.

Sin duda que hay regímenes opresivos que abusan del poder de la censura, pero lógicamente, lo útil y necesario no se debe eliminar por el hecho de que unos cuantos hagan un mal uso de ella. La libertad, el don más preciado del hombre, ¿no abusan muchos de ella? Por eso, ¿vamos a eliminarla? Naturalmente que no.

Un ejemplo de esta eliminación de la censura lo tenemos en Dinamarca, donde se ha abolido por completo, lo que ha traído como consecuencia una proliferación de "literatura" que podríamos considerar pornográfica, así como ilustraciones, fotografías y películas en las que se presenta la sexualidad en todas las manifestaciones imaginables. En los Estados Unidos, en los últimos tiempos, ha aumentado considerablemente también esta clase de producción, aunque existe cierta censura y se trata de controlar su distribución. ¡Pero hay que ver los escaparates de algunas tiendas de Nueva York, Los Angeles, Chicago y otras principales ciudades, cómo exhiben esa clase de "literatura"!

Claro que la censura es una medida de excepción y, como tal, debe ser aplicada con mucho tacto y prudencia; pero no hay dudas que es necesaria para proteger a la sociedad de los desmanes y las insolencias de unos cuantos malintencionados e irresponsables.

PREGUNTAS

1. ¿Es la censura una medida necesaria? ¿Por qué?
2. ¿Qué objetivos puede lograr una censura bien dirigida y orientada?
3. ¿Qué peligros ve usted en la censura?
4. ¿Existe la censura en los Estados Unidos? En caso afirmativo, ¿qué alcance tiene la censura en esta nación?
5. Ultimamente en los Estados Unidos ha crecido la llamada "literatura pornográfica". ¿Está usted de acuerdo en que debe existir censura para este material?

No censura

En mi opinión la palabra censura quiere decir "falta de libertad"—la falta de libertad de expresión para el periodista, para el escritor, para el artista, lo que es, en suma, la supresión de la verdad o la realidad. ¿No me creen? Pues, ¿cuál es el objetivo de la censura sino el de anular a los que tienen el derecho de expresar lo que quieren decir? No me hablen de la protección o la vigilancia del público, porque ésa es la misma razón que dieron las autoridades de la Santa Inquisición, las de la policía de Hitler, de Stalin, y de todos los gobiernos autocráticos de la historia. "¡Oh, sí! Son sentimientos nobles para proteger al público de Galileo, de Zola, de Jefferson, de los escritores capitalistas, de las ideas democráticas, de nuevas formas artísticas, de los frutos de las imaginaciones más fértiles que ha producido este mundo"—comentaba irónicamente un amigo mío cuando conversábamos sobre este asunto.

Lo que resulta de todo ello es la supresión de estas grandes facultades creadoras, suprimidas por hombres y fuerzas opresivas que, precisamente, carecen de lo que quieren amordazar: el poder intelectual de saber la verdad o el anhelo de buscarla. Para ellos la fuerza física o legal (muchas veces mal ganada) reemplaza la imaginación, el arte, la ciencia y la verdad. Pasándose por "los perros guardianes" de la sociedad, tratan de conformar a los que buscan sendas nuevas.

Todo el mundo tiene que ser del mismo molde, tiene que creer las mismas creencias, tiene que obedecer al mismo líder de turno, poniéndose como pretexto la seguridad del estado, de la iglesia, del comunismo, del fascismo, del patriotismo, o tal vez de la democracia. ¿Qué libertad hay? Pues, la "libertad" de seguir lo que dice el gobierno, o el dictador, o la iglesia. Si uno no quiere conformarse puede ser que su suerte sea la de un Galileo o la de un Sócrates. ¡Qué horror!

Después de años de investigaciones científicas, de labor incansable, de búsquedas interminables, un genio alcanza por fin un hecho, un pequeño grano de la realidad, y su premio es la persecución, que a veces le hace contradecir aquello por lo cual ha dedicado toda una vida. No creo que haya peor consecuencia para el que busca la verdad.

PREGUNTAS ━━━━━━━━━━━━━━

1. En un sentido amplio y general, ¿qué es la censura?

2. ¿Qué consecuencias trae consigo la censura?

3. ¿Qué es la censura de prensa?

4. En Dinamarca se ha abolido por completo la censura, por lo que la pornografía se ha legalizado. ¿Cree usted que esta medida es buena o mala? Explíquese.

5. ¿Las películas que son clasificadas "X", deben ser vistas por menores de dieciocho años?

6. ¿Qué creen ustedes de esta clase de películas?

V·O·C·A·B·U·L·A·R·I·O

amordazar callar, imponer silencio

anular cancelar, borrar

aprovecharse emplear útilmente alguna cosa

búsqueda busca, investigación

carecer no tener, faltar

coaccionar forzar, obligar

contradecir decir lo contrario, negar

desmán (el) exceso

don (el) talento especial, habilidad natural

en suma en resumen

escaparte (el) ventana o cristal de una tienda que muestra lo que se vende

estatal de un estado

funesto fatal

genio hombre de gran inteligencia

hecho acción, obra, realidad

incansable que no se cansa nunca

libelo escrito en que se difama a alguien

libertinaje (el) libertad sin límites

medida medio, recurso

medio (*adj.*) común, ordinario

mentira irrealidad, lo contrario de la verdad

ordenado en orden, organizado

premio remuneración, ganancia

reemplazar sustituir

senda camino, caminito estrecho

sofocar impedir, dominar

suprimido omitido, prohibido

REPASO GRAMATICAL

51. Palabras que terminan en MA, y que son de género masculino

Hay un buen número de palabras en español que terminan con la sílaba **ma**, y que son de género musculino.

Es **un tema** muy largo y complicado.

¿Te gustan **los poemas** líricos?

Siempre dice que tiene **muchos problemas.**

A continuación se citan las de uso más común:

anatema	cablegrama	clima
diagrama	dilema	dogma
drama	enigma	esquema
fantasma	idioma	lema
panorama	poema	problema
programa	radiograma	síntoma
sistema	telegrama	tema
teorema		

EJERCICIO ━━━━━━━━━━━━━━━━━━━━━━━━━━━━━━━━━━━━━━

Cambie al plural las siguientes frases u oraciones:

Modelo: Es **un tema** largo.
            Son **unos temas** largos.

1. El drama es muy trágico. **2.** El sistema era sencillo. **3.** Será un lema mexicano. **4.** ¿Te gusta el clima frío? **5.** Ese diagrama está correcto. **6.** Es el esquema básico. **7.** Es el dilema humano. **8.** Apareció el fantasma. **9.** Era un síntoma serio. **10.** Me mandó el telegrama corto. **11.** Es el enigma artístico. **12.** Es un bonito idioma. **13.** El dogma era católico. **14.** El programa es malo. **15.** Un panorama grandioso. **16.** El teorema complicado. **17.** El radiograma es muy largo. **18.** El anatema injurioso. **19.** El cablegrama llegó a tiempo. **20.** Un hermoso poema.

¿Campo o ciudad?

CAPITULO 27

La vida en el campo

Estoy seguro de que prefieres vivir en el campo, o tal vez en una pequeña villa donde de veras puedes disfrutar de una vida tranquila y placentera. La vida en un lugar rural o, por lo menos, no urbano, nos proporciona placeres sencillos, del tipo que inconcientemente buscamos y queremos.

¿Qué se puede comparar a la vida no apurada que nos ofrece tiempo para la reflexión y la meditación? ¿Qué es comparable a un pueblo donde podemos tener amistades verdaderas, en vez de una constante competencia con nuestro vecino? En el campo se ven árboles, verdura, prados, flores, la naturaleza en todo su esplendor. Aquí respiramos aire puro, nos

191

calentamos bajo la luz del sol, no filtrada por la suciedad; tenemos tiempo para lo que queramos, una charla con un amigo, unos momentos de reposo en el banco del parque, o una infinidad de cosas que, por lo general, nos faltan en un centro urbano.

Sí, así es como debemos vivir, con gente sencilla, placeres sencillos y sin preocupaciones complejas. Como aconsejó el famoso filósofo francés Rousseau, hace años: "Volved a la naturaleza, a la vida simple para gozar de lo bueno de la vida". Como dijo también el gran poeta español Fray Luis de León en su bello poema *La vida del campo:* "¡Qué descansada vida— la del que huye el mundanal ruido, . . . !"

Estoy completamente seguro de que, al igual que yo, prefieres la vida campestre.

PREGUNTAS

1. ¿Qué ventajas ofrece, a tu juicio, la vida en el campo?
2. ¿Cuáles son algunas deventajas de la vida en el campo?
3. ¿Has vivido alguna vez en el campo, o en un pueblo pequeño?
4. ¿La gente del campo es distinta a la de la ciudad?
5. ¿Te gusta la naturaleza: los árboles, las flores, los prados, las montañas?
6. Si la vida del campo es tan buena, ¿por qué se mudan tantos a las grandes ciudades?
7. ¿Tienes parientes o amigos en el campo? ¿Los visitas de vez en cuando?
8. ¿Conoces el dicho español: "Pueblo pequeño, infierno grande"?

La vida en la ciudad

¿Te gustaría vivir o meramente existir? Si tu respuesta es la primera de las alternativas, ven a la ciudad, al centro urbano, donde participarás de una vida de acción, de placeres sin número. ¿Quieres conocer a nuevas gentes? Pues aquí encontrarás una cantidad de diversos tipos, de múltiples personalidades, individuos interesantísimos que ampliarán tus puntos de vista con sus ideas y experiencias.

En la gran ciudad te sentirás más activo debido al estímulo de otros, con intereses similares a los tuyos. Aquí te conocerás a ti mismo, porque desarrollarás tus propios pensamientos en un mundo de movimiento, en un mundo activo. Esta es la palabra que mejor describe la vida en la ciudad: actividad. Con la actividad logramos algo en la vida; en la ciudad tenemos salida para nuestra actividad. Aquí encontramos múltiples oportunidades para ampliar nuestras aptitudes y vocaciones y ponerlas en práctica a través de ocupaciones, profesiones u oficios.

La ciudad siempre ha sido centro de actividad, centro de cultura, centro de civilización. La ciudad es el único lugar donde tienes la máxima expresión del arte en los museos, las bibliotecas, las universidades, los teatros, los auditoriums. También puedes divertirte en los clubes o asociaciones de recreo, en los bares, cines, salas de baile y otros muchos lugares donde puedes pasar horas en un ambiente de diversión.

Sí; lo tienes todo en la ciudad, inclusive los árboles, las flores y las maravillas naturales, en los parques que casi siempre quedan a poca distancia de tu casa.

PREGUNTAS

1. ¿Qué ventajas brinda la vida en una gran metrópoli?
2. ¿Qué desventajas tiene la vida en una ciudad grande?
3. ¿Te gusta la vida en la ciudad?
4. ¿Te gusta la ciudad dónde vives? ¿En qué ciudad vives?
5. ¿Cómo describirías a un típico ciudadano de Nueva York u otra gran ciudad estadounidense?
6. Si la vida urbana es tan buena, ¿por qué se muda tanta gente del centro de la ciudad?
7. ¿Por qué motivos más de la mitad de la población de los Estados Unidos vive en las grandes ciudades?
8. ¿Cómo se podrían solucionar los múltiples problemas que afligen a los centros urbanos de hoy?

La ciudad ideal

Dice el diccionario que una ciudad es un centro urbano o población importante. Claro que esto es tan amplio que realmente no nos dice más que lo esencial. Esta descripción o definición puede admitir a Tokio o a Tallahassee, a Nueva York o a Niza, o a cualquier organización municipal, con gobierno y población suficiente.

Para algunos, San Francisco es la mejor ciudad del mundo, por sus encantos, ambiente y clima agradable. ¡Qué espectáculo más impresionante es el Puente Golden Gate levantando sus majestuosas torres, con las colinas verdes y la bahía de San Francisco al fondo!, exclaman los habitantes de esta gran ciudad.

Los millones que viven en Nueva York, como de uno, alzan sus voces alabándola como si fuera la única ciudad del mundo. Se encuentra todo aquí, nos dicen, todo lo imaginable, los mejores hoteles, restaurantes, tiendas, teatros, cabarets. Hay oportunidades para todo el mundo. Los críticos de esa metrópoli responden que sí, que hay de todo: demasiado tráfico, mucho crimen, aire y agua contaminados, prisa, descortesía, y mucho más. ¿Quién tiene razón? Tal vez los dos, porque en nuestra primera ciudad vemos, en forma exagerada, todo lo bueno y todo lo malo de nuestros centros urbanos de hoy.

Bueno, pero ¿qué debe tener una buena ciudad, una ciudad ideal? Primero, un clima agradable sería casi imprescindible; segundo, una buena situación geográfica para asegurarla de bastante comercio, lo que traerá como resultado que habrá bastante trabajo y oportunidades para los ciudadanos. Otras necesidades serán un buen sistema de transporte como el metro, autobuses y tranvías, buenos servicios municipales como los de policía, bomberos, recogida de basura, suministro de agua, gas y electricidad.

Y, ¿podemos olvidar las escuelas, universidades, museos y hospitales? ¿Y diversiones como los parques, teatros, cines, clubes nocturnos o cabarets, atracciones turísticas como los rascacielos, puentes, monumentos históricos?

¿Olvidamos algo? . . . Ah sí, para las mujeres, buenas tiendas con bellas prendas de vestir de todos los centros de modas del mundo. Bueno, llamaremos a nuestra ciudad ideal. . . Utopía.

PREGUNTAS

1. ¿Qué cualidades o características debe reunir la ciudad ideal?

2. ¿Crees que exista en el mundo una ciudad ideal? En la afirmativa, ¿cuál?

3. ¿Qué grandes ciudades de los Estados Unidos has visitado? ¿Cuál te impresionó más?

4. ¿Conoces alguna ciudad importante, fuera de los Estados Unidos?

5. ¿Qué sabes de otras ciudades de la América Latina: Buenos Aires, Río de Janeiro, Ciudad México, etc., o de las de Europa: París, Londres, Roma, Madrid?

6. ¿Por qué ha crecido tan enormemente en años recientes la ciudad de Los Angeles, y por qué pierden población otras ciudades como Boston, Cleveland y St. Louis?

7. ¿Qué opinas de ciudades como Nueva Orleans, San Francisco, Nueva York, Miami? ¿Todas las ciudades de los Estados Unidos tienen una fisonomía propia o diferente?

8. Si mañana te ofrecieran la oportunidad de visitar cualquier ciudad del mundo, ¿cuál escogerías?

V·O·C·A·B·U·L·A·R·I·O

al fondo   en la distancia

alzar   levantar

amistad (la)   estado de afecto entre amigos

apurado   de prisa, rápido, angustioso

asegurar   afirmar algo para que no haya ninguna duda

banco   asiento para varias personas, regularmente de madera

basura	suciedad, lo que se tira por inservible o inútil

bombero	el que tiene como profesión extinguir incendios

campestre	del campo, rural

colina	elevación pequeña de tierra

charla	conversación espontánea, no profunda

de veras	de verdad

debido a	a causa de, por

encanto	atractivo, belleza

huir	escapar

imprescindible	absolutamente necesario

meramente	simplemente

metro	ferrocarril metropolitano, generalmente subterráneo

metrópoli (la)	ciudad muy grande y principal

mundanal	del mundo

oficio	profesión

placentero	agradable

prado	terreno llano o plano cubierto de hierba

prenda de vestir	ropa

proporcionar	dar

punto de vista	opinión, juicio

recogida	acción de juntar; recolección

reposo	descanso

suministro	acción de dar o proporcionar alguna cosa o servicio

verdura	vegetación verde

villa	pueblo, poblado, pequeña ciudad

REPASO GRAMATICAL

52. El Adjetivo y el Sufijo ISIMO

En lugar de **muy** + el adjetivo, es de frecuente uso añadir el sufijo **ísimo** al adjetivo.

Es una ciudad **muy** interesante. (**interesantísima**)

Son placeres **muy** sencillos. (**sencillísimos**)

Vimos un puente **muy** bello. (**bellísimo**)

EJERCICIO

Cambie las siguientes oraciones, usando la forma correcta de **ísimo:**

Modelo· Nueva York es una ciudad **muy grande.**
	Nueva York es una ciudad **grandísima.**

1. Vivieron en una villa **muy pequeña. 2.** Prefieren una vida **muy simple. 3.** No tienen preocupaciones **muy complicadas. 4.** Hay tipos **muy extraños** en la metrópoli. **5.** Buenos Aires es una ciudad **muy activa.**

En español no se usa la expresión **muy mucho**, sino que se agrega el sufijo **ísimo** a **mucho** para dar la idea de mayor cantidad.

Hay **muchos** bares en Chicago.

Hay **muchísimos** bares en Chicago.

Se goza de **mucha** actividad en las metrópolis.

Se goza de **muchísima** actividad en las metrópolis.

EJERCICIO

Cambie las siguientes oraciones, usando el sufijo **ísimo***:*

1. Hay **mucha** gente sencilla.   **2. Muchos** rascacielos se construyen en Nueva York.   **3.** Las ciudades ofrecen **muchas** actividades interesantes.   **4.** Se oye de **muchos** robos en los parques.   **5.** Hay **muchos** problemas sin solución en la ciudad.   **6.** Roma es una antigua ciudad de **muchas** iglesias.

Sin embargo, en español es posible usar la forma **muy poco**, aunque también es de uso normal la forma **poquísimo**.

Hay **muy poco (poquísimo)** crimen en el campo.

Se ve **muy poca (poquísima)** gente por las calles.

EJERCICIO

Cambie las siguientes oraciones, usando la forma correcta de **poquísimo***:*

Modelo: Los pueblos tienen **muy pocos** restaurantes buenos.
Los pueblos tienen **poquísimos** restaurantes buenos.

1. Los pueblos chiquitos te ofrecen **muy pocas** oportunidades.   **2.** ¿Hay ciudad grande que tenga **muy pocas** atracciones turísticas?   **3.** Conozco a **muy poca** gente honrada en la metrópoli.   **4.** Había **muy pocos** centros urbanos en tiempos coloniales.   **5. Muy pocos** habitantes de la ciudad se conocen.

El soldado y la guerra

CAPITULO 28

Obedece a sus superiores

El soldado X se encuentra con la orden de ejecutar a dos personas sospechosas de ser espías que trabajaban a favor del enemigo. Las dos son mujeres, y a juicio de X, ellas son inocentes, pobres víctimas de una brutal e injusta guerra iniciada por un gobierno encabezado por un fanático que se ha dedicado a la total extinción del pobre país que atacaron hace dos meses. ¿Qué debe hacer el soldado X?

Para mí, X no tiene otra alternativa y obligación que seguir la orden de sus superiores y ejecutar a las dos espías. El primer y más fundamental deber de un soldado es acatar y cumplir las órdenes de sus capitanes. Lo más esencial de cualquier ejército es la obediencia de sus soldados, porque sin esto no existiría la disciplina necesaria para lograr los objetivos de la guerra.

Al alistarse en el ejército, el soldado tiene que disciplinarse a hacer lo que le manden, olvidándose de sus principios, preferencias, gustos o cualquier filosofía de la vida que pueda impedir lo básico de su actual condición y existencia: la de ser soldado. El es, en realidad, parte de un cuerpo que lleva a cabo la política de su gobierno, y si por cualquier razón no está de acuerdo con sus representantes elegidos, no debió haberse hecho miembro de los servicios armados de su patria.

Mientras es soldado es más arma de su país que individuo, y por eso como arma o extensión de su gobierno, tiene que conformarse con las decisiones de él. Lo injusto o justo que sea un acto no es su responsabilidad sino la de su gobierno, de modo que el soldado no actúa como hombre libre, y sí como representante de su patria.

Desde el punto de vista práctico, ¿qué sería si todo el mundo se creyera en libertad de cumplir o no una orden mientras es soldado? Creo que se llama anarquía, esto de no obedecer la ley o la orden de la nación.

PREGUNTAS

1. ¿Es necesaria la existencia de ejércitos en todos los países o naciones?
2. ¿Debe el soldado obedecer ciegamente las órdenes de sus superiores?
3. ¿Estima usted que hay casos en que el soldado puede y debe negarse a cumplir una orden?
4. ¿Debe perder el soldado su personalidad como hombre?
5. En caso de guerra, ¿tiene el ciudadano de una nación el derecho de negarse a defender a su patria?

Obedece a su conciencia

Indudablemente que el soldado X tiene que seguir su propia conciencia, porque al final, ¿no somos nosotros responsables de nuestras propias acciones? ¿No debemos hacer lo que sea bueno y justo, y rechazar lo malo y lo injusto? Mantengo que cada hombre, como individuo, tiene que decidir por sí mismo, porque si quiere llamarse hombre libre tiene que seguir su propia conciencia, y no la de un político o la de un oficial superior. No deja de ser hombre porque se viste de soldado, del mismo modo que un médico no cesa de ser hombre cuando actúa como médico.

Es incuestionable que la profesión que cada uno de nosotros hayamos elegido no nos quitará la dignidad básica que nos hace hombres. Para mí, un individuo no se entrega a un gobierno para que haga de él lo que quiera. Esto sí que es rendirse, denigrándose al nivel de un instrumento.

¡Cuántas guerras podrían haberse terminado si un pobre y humilde soldado se hubiera atrevido a decirle a su superior que no iría a seguir un mandato, porque bien sabía que era injusto y bárbaro! ¡Cuántas vidas se habrían salvado si en cada guerra hubiera soldados corajudos que dejaran la loca matanza de inocentes víctimas a los pérfidos políticos que trataban de saciar sus ilícitas e infames ambiciones!

Afirmo la nobleza y la dignidad del hombre que no se ve como arma de otro, sino como un ser humano capaz de decidir por sí mismo lo que debe hacer. ¡Qué vivan todos los soldados X, y sus firmes convicciones de lo bueno y lo justo de la vida!

PREGUNTAS

1. En todas las órdenes de la vida, ¿el hombre debe seguir su propia conciencia? Explíquese.

2. El hombre que es soldado, o médico, o maestro, o sacerdote, ¿debe ser más hombre que soldado, o médico, etc., o viceversa?

3. Usted, como estudiante, ¿debe ser ante todo estudiante?

4. ¿Cree usted que el soldado X hace bien en desobedecer las órdenes de sus comandantes?

5. ¿Qué sucedería en un ejército si las órdenes no se obedecieran?

V·O·C·A·B·U·L·A·R·I·O

alistarse enrolarse, registrarse

atreverse osar, decidir hacer algo difícil o peligroso

corajudo violento, colérico, valiente

dejar de omitir, cesar

de modo que resulta que

denigrarse deshonrarse, difamarse

encabezado dirigido, acaudillado

entregarse darse a la voluntad de otro

impedir poner obstáculo a que algo se haga

patria país donde uno ha nacido

pérfido infiel, traidor

rechazar no aceptar, no admitir

rendirse no ofrecer resistencia

saciar satisfacer

sospechoso dudoso

REPASO GRAMATICAL

53. El infinitivo

Primordialmente, cuando nos referimos al infinitivo, expresamos la forma verbal en su estado abstracto, impersonal, básico. Cuando decimos, por ejemplo, amar, comer, vivir, expresamos una acción sin indicar persona, tiempo, o modo. Pero no es esta la única función gramatical del infinitivo. Además de verbo puede emplearse como nombre o sujeto de una cláusula, como objeto de otro verbo, y como objeto de una preposición. El infinitivo, en cualquiera de sus funciones, va siempre acompañdo de otro verbo y regularmente del artículo **el**.

El **deber** de un soldado es **acatar** las órdenes.

El ciudadano debe **defender** a su patria.

Conquistar es la misión de los invasores.

EJERCICIO: ━━━━━━━━━━━━━━━━━━━━━━━━━━━━━━

Cambie a la forma del infinitivo el nombre o sujeto en cuestión:

Modelo: **La conquista** no fue fácil
Conquistar no fue fácil.

1. Los gritos de los prisioneros eran terribles. **2. El cumplimiento** de las órdenes es primordial. **3. El rechazo** de lo malo e injusto es un derecho del hombre. **4. La desobediencia** no es permitida en el ejército. **5. La elección** de lo bueno o de lo malo está al arbitrio del individuo. **6.** En la guerra, **la decisión** de matar al enemigo no es discutible. **7. La obediencia** a las leyes mantiene el orden de una nación. **8. La entrega** a un gobierno, sin condiciones, es un acto de cobardía. **9. La pérdida** de la personalidad se pierde a veces en la guerra. **10. La responsabilidad** de nuestras acciones es el deber de cada uno.

VOCABULARIO

A

abarcar to comprise

abatir to knock down

abiertamente openly

abismo abyss

abogado lawyer

abogar to defend

abolir to abolish

abordar to go aboard

abrazar to embrace

abstenerse to abstain

aburrir to bore

acabar to end

acariciado caressed

acarrear to cause

acatamiento respect

acatar to respect

acaudillado led, headed

acechar to spy on

aceite (el) oil

acera sidewalk

acercamiento rapprochement, reestablishment of good relations

acercarse to approach

acero steel

acertado proper, wise

acomodado comfortable, rich

aconsejar to advise, counsel

acontecimiento event

acorazado warship

acordarse (de) (ue) to remember

de acuerdo con in agreement with

acudir to arrive

acusado sued, accused

adecuado adequate

adelanto advancement

además de besides, moreover

adentrar to penetrate

adinerado wealthy

adivinar to guess

adquirir (ie) to acquire

aduana customs house

advertir (ie, i) to warn

afán (el) anxiety

afanar to toil

afecto love, affection

aficionado fan

afligir to afflict

afrontar to face, confront

afueras (las) outskirts

agarrar to grab, catch

agazaparse to hide oneself, crouch

agobiar to oppress

agradar to please

agrario agrarian

agredido victim of an attack

agregar to add

agrícola agricultural

aguantar to tolerate, put up with

agudizar to become more evident

aguijón (el) spur, goad

de ahí therefore, hence

ahogar to suffocate

ahorcamiento hanging

ahorro save

aire libre outdoors
ajedrez (el) chess
ajeno foreign
ajustar to adjust
ajusticiar to execute
ala (el) (las alas) wing
alabanza praise
alabar to praise, exalt
alarde (el) ostentation
albor (el) dawn, beginning
alcance (el) reach, within reach
alcanzar to attain, reach
aldea town, village
alegar to allege
alevosía betrayal
álgido icy
aliento breath
alimaña animal of small prey, such as a fox
alimento food, nutrition
al menos at least
alterado disturbed, changed
altura height
alumbrar to light up
alunizaje (el) lunar landing
ama (el) (las amas) maid
ama de casa housewife
amargo bitter
ambiente (el) atmosphere, air, environment
ambos (as) both
amenaza threat
amenazar to threaten
ameno pleasant, nice
amordazar to silence
amorfo amorphous, formless
ampliar to widen
amplio extensive, wide
amplitud (la) width

anárquico anarchical
anciana old woman
anchuroso extensive
anhelar to long for
anillo ring
aniquilar to annihilate
ansia anxiety
ansiado longed for
ansiar to be anxious
ansiedad (la) anxiety
ansioso eager
ante before, in the presence of
anteponer to put before
anterior previous
antes (de) que before
antojar to take a fancy to
anular to annul, cancel
anuncio advertisement
añadir to add
año de luz light year
apacible peaceful
apartado remote, isolated
aparte de aside from
apenarse to grieve, to feel sorry for
apenas hardly
aplicar to apply
apócope (la) shortening, apocope
apogeo apogee, height
aportación (la) something brought, contribution, addition
apoyar to support, favor, help
apoyo support
aprehender to aprehend
apreciar to appreciate
aprestar to make ready
apretar (ie) to tighten
apropiado appropriate
aprovechado taken advantage of

apuesto elegant, good looking

apuntar to aim

apurar to rush

árbitro arbitrator, umpire

ardid (el) cunning strategy

ardiente burning, ardent

ardor (el) ardor, heat

arpa (el) (las arpas) harp

arrasar to raze, demolish

arrebatar to snatch

arrebato rapture

arremeter to attack

arrepentirse (ie) (i) to repent

arribar to arrive

arriesgar to risk

arrojar to throw, drop (a bomb)

arrugas (las) wrinkles, creases

arruinar to ruin

ascendencia descent, origin

ascendiente (el) ancestor

asegurar to assure

asesinato assassination

asesino killer

aseverar to affirm

asiento seat

asimismo likewise

así que as soon as, therefore

asistir to be present, attend

aspirar to aspire to

asociarse con to associate with

asombrar to astonish

asombro astonishment, wonder

astro star

astucia astuteness, cleverness

asumir to assume, take over

atacante attacker

ataque (el) attack

atar to tie, bind

atender (ie) to pay attention to, attend to

atentado crime, transgression, attempt on a life

aterrizar to land

atesorar to treasure

atónito aghast

atracar to make shore (*naut.*)

atraer to attract

atreverse a to dare to

atrevido daring, bold

audazmente boldly

augurar to augur, foretell

aumentar to increase

aún still, yet, nevertheless

aunar to join

autopista freeway

avaro greedy

averiguar to ascertain, find out

avión-cohete (el) rocket-plane

avión de bombardeo (el) bomber

aviso warning, notice

ayuda help

ayudar to help

azotar to whip

B

bahía bay

bailar to dance

bailarín(a) dancer, ballet dancer

baja (la) reduction or decrease

bajo techo indoors

baldío useless

banderilla small dart

banderillero one who places the banderilla

baraja deck of cards

barandilla railing

barbudo bearded man

barco boat

barraca hut, shack

barrera barrier, fence

barril (el) barrel

bastar to be enough, suffice

basura garbage

bateador batter (in baseball)

belleza beauty

beneficencia charity

beneficiar to benefit

besar to kiss

bienes (los) goods

bienestar (el) well-being

bienvenida welcome

blanco target, bulls-eye

bodas wedding celebration

bodas de plata silver wedding anniversity

bolear to bowl

boleo bowling

boleto ticket

bomba pump, bomb

bondad (la) kindness, goodness

bondadoso kind, good

a bordo on board

bravo ferocious, mad

brazo arm

brindar to give, offer, present

brusquedad (la) rudeness

bujía spark plug

buque (el) ship, boat

buque de pasajeros passenger ship

burla joke, trick

burlarse de to make fun of

buscador searcher

búsqueda search

C

cabalgar to ride a horse

caber to fit in

a la cabeza at the head, in the lead

cadena chain

caída fall

calamidad (la) calamity

calcinar to calcine, heat

calculador one who calculates; calculator

cálculo calculation, calculus

calefacción (la) heat

calentar (ie) to warm, heat

calificar to judge, rate, grade

calificativo qualifying, describing

callado quiet

cámara de gas gas chamber

camarote (el) stateroom

cambiar to change

camilla stretcher

camino road, path

campaña campaign

campeonato championship

campestre country, rural

campo country, field

canal (el) channel, canal

candente much discussed, hot

cañón (el) canyon

caos (el) chaos

capital (el) capital, funds

capricho whim

¡caracoles! wow!

cárcel (la) jail

carecer to lack, not have

careta mask

carga (de) of burden

cargamento cargo, load

cargo burden, accusation, charge

carretera highway

cartucho cartridge, bag

cáscara skin, peeling of a fruit

castañuelas castanets

castigar to punish

castigo punishment

casualidad (la) chance, accident

cataclismo cataclysm, catastrophe

catarro cold

caudillo leader

caza hunt, hunting

cazador hunter

cazuela crock

cebolla onion

ceniza ash

cercano nearby

cerebro brain

cerrar (ie) to close, shut

certamen (el) contest

certeza certainly

cerveza beer

ciegamente blindly

ciego blind

cielo heaven, sky

ciencia science

cifra number, cipher

cimiento foundation

cirugía surgery

cirujano surgeon

ciudadanía citizenship

ciudadano citizen

claustro materno womb

cláusula clause

clave (la) clue, key, hint

clima (el) climate

coaccionar to force

cobardía cowardice

codicia greed

cohete (el) rocket

colega (el, la) colleague

colérico angry

colgar (ue) to hang

colina hill

colmo very best, top, most bearable

colocar to place, put

de color de rosa rose-colored

coloso colossus

cometido task

comodidades (las) comforts

comparecencia court appearance

compartir to share, divide

compasivo compassionate

compendio resumé, review, compendium

competencia competition, competence

complacer to please

complejo complex

componente (el) part, component

componer to make up, compose

comportarse to behave oneself

comprador buyer

compromiso compromise

comúnmente commonly

concebir (i) to conceive

concernir (ie, i) to concern

concordar (ue) to agree

concha shell

condado earldom, county

condenar to condemn

condonar to condone

conducir to drive, lead

confiar en to confide in, trust

confort (el) comfort, convenience

confrontar to confront

conjugar to conjugate

conjuntamente in all, all together

conjunto musical musical group

conmutar to exchange

a consecuencia de because of, as a consequence of

consecuentemente consequently

conseguir (i) to get, attain

consejo advice

contabilidad (la) accounting

contar (ue) con to count on

contenerse to contain oneself

contenido contained, contents

contentar to satisfy

contienda contest, match

a continuación below, in continuation, following

en contra de against

contradecir to contradict

contraer to contract

contrarrestrar to resist, oppose

contrato contract

controvertible disputable, controversial

convenir to agree, to be good for, to be convenient

conversión (la) change, conversion

convivencia living together

coraje (el) courage

corbata neck tie

cornetín (el) cornet

corregir (i) to correct

corrida de toros bull fight

corriente current, normal

costilla rib

creador creator, creative

crear to create

crecer to grow

crecido grown

creencia belief, creed

creyente (el) believer

criar to raise, educate

criatura creature

criterio criterion, standard

crucero cruiser

crudo raw

cualidad (la) quality

cuán how

en cuanto as soon as, as for

cubierta deck, cover

cuchillada knife wound

cuello collar, neck

cuentista short story writer, story teller

a fin de cuentas after all, in conclusion

cuerda cord, string

cuerdo sane, normal

cuerno horn (of an animal)

cuerpo body

cuestión (la) matter, affair

cueva cave

cuidado care

culminar to culminate, end

culpable guilty

culpar to blame

culto cultured

cumbre (la) top, peak

cumplimiento fulfillment

cumplir to fulfill, obey

cumplir los x años to reach x years

cúmulo accumulation

cursar to study

cuyo whose

CH

chantaje (el) blackmail

charlar to chat, converse

chispa spark

chiste (el) joke

D

dadivoso bountiful

daño damage

dañoso damaging

dar a luz to give birth

dar lugar a to give rise to

dar origen to give origin to

darse cuenta de to realize, be aware of

dar un paso to take a step

dato data, fact

debacle (el) debacle

deber (el) duty

debidamente duly

débil weak

debilitar to weaken

decadencia decadence

decenio decade, ten years

declarar to testify, give testimony

en definitiva in short

dejar to let, permit

deleite (el) pleasure, delight

delicadeza delicateness, lightness

delicia delight

delictivo criminal, guilty

delito crime

demás (los, las) others

dentro de inside of

derecha the right (politically speaking)

derecho law, right

derogar to abolish, derogate

derribar to overthrow, knock down

derrocamiento overthrow

derrota defeat

derrotar to defeat

desahogado relieved

desamparado forsaken

desarrollar to develop

desarrollo development

desastre (el) disaster

desatracar to cast off

desayunarse to eat breakfast

descanso rest

descargar to unload

descenso landing, descending

descuido omission, oversight

desembocar to flow into, end in

desempeñar to fulfill, carry out a duty

desempleo unemployment

desenchufar to disconnect, unplug

desenvolver (ue) to unfold, develop

desenvolvimiento unfolding, development

desfilar to parade, march

desgracia misfortune
designio design
desigual unequal
desintegrar to disintegrate
deslizar to slide
desmán (el) excess
desamayado fainted, unconscious
desmayarse to faint
desmedido excessive
desolador wasted, ruined
despavorido terrified
a despecho de in spite of
despegar to take off, leave
despejado clear
despiadado unmerciful
desplegar to display
despreciable despicable
despreocuparse to relax, not worry
después de que after
destino fate, destiny
destreza skill, dexterity
destrozar destroy
a diario daily
dictadura dictatorship
dicha happiness
diestro able, skillful
difunto deceased
dirigir to direct
discordia discord
discrepancia discrepancy
disentir (ie, i) to disagree, dissent
diseñar to design
disfrutar to enjoy
disímil dissimilar, different
disminuir to diminish, lessen
disociable separated
disparar to shoot
disparo shot

disponer to arrange
disponerse de to have at one's disposal
disponible available
dispositivo device
diverso diverse, different
divertirse (ie, i) to enjoy oneself, have a good time
divisar to perceive indistinctly
doblar to fold
dolor (el) pain
don (el) talent, gift
dotar to endow
dote (el) gift, talent, quality
duro hard, tough

E

economía economy, economic base
echar a pique to sink, send to the bottom
eficaz effective
ejecución (la) execution carried out
ejecutar to carry out
ejecutivo executive
ejemplar model, exemplary
ejercer to practice
ejército army
elegido chosen
elegir (i) to elect, choose
elevar to lift, elevate
embarcar to embark
embullado excited, enthused
empeñarse to insist, persist, try
emplazar to place
empresa enterprise
empresario manager of an enterprise

empujar to push

enamorado loved one, lover

encaminado directed to

encanto enchantment, charm

encarcelamiento jail stay, duration of a criminal sentence in jail

encargado person in charge

encargar to entrust

encargarse de to take charge of

encendido ignited

encerrar (ie) to lock up, to close

enclenque weak

encoger to shrink

enderezar to straighten out

enfadarse to get angry

enfatizar to emphasize

enfermedad (la) illness, disease

enfermera nurse

enfocar to focus

enfrascado completely absorbed in

enfrentar to face

enfriar to make cold

enfurecido furious

engañador cheater

engañar to cheat, deceive

engaño trick, deceit

enlazado tied up, bound

enlazar to lace, lasso

enredado trapped, caught in a net

enriquecer to enrich

enrolarse to enroll in

ensañamiento sadistic fury

ensayista (el, la) essayist

ensordecedor deafening

ensuciar to make dirty

ensueño dream

ente (el) being

enterar to inform

enterarse de to find out about

entregar to give, hand in

entuerto injustice

envase (el) container

envenenar to poison

envidiar to envy

envolver (ue) to involve, wrap

equidistante equidistant

equilibrio stability, equilibrium

equipaje (el) baggage

equipo team

equitación (la) horsemanship

equivaler to equate

equivocarse to be mistaken, err

erradicar to wipe out, erase

esbozar to sketch

escalar to scale

escalofrío chill, shiver, a cold sweat

escaparate (el) display window

escasez (la) scarcity

escaso scarce

escena scene

esclavo slave

esconder to hide

escopeta shotgun

escultura sculpture

esmeralda emerald

espacial *(adj.)* space

espada sword

espanto fright

esperanza hope

esposas (las) handcuffs

esquema (el) scheme, plan

esquiar to ski

estación (la) season

estadio stadium

estadista (el) statesman

estallar to break out, explode

estante (el) shelf

estar a bien to be well, all right, to be on good terms

estar de acuerdo con to agree with

estar de guardia to be on duty, guard

estar dispuesto to be ready, be willing

estar equivocado to be mistaken

estatal *(adj.)* of or pertaining to the state

estatura stature, height

estético aesthetic

estimar to consider, estimate

estocada sword thrust

estorbar to disturb

estrellado starry

de etiqueta formal

evitar to avoid, evade

excitación (la) excitement

excitante exciting

exigir to demand

éxito success

experimentar to try, sample

explotación (la) exploitation

exponer to expose

expuesto (lo) the aforementioned, the one before

extraño strange, foreign

extremadamente extremely

F

fabricar to build, fabricate

facineroso criminal

falta lack

familiar (el) member of the family

fantasma (el) ghost, specter

faz (la) face

fe (la) faith

fealdad (la) ugliness

fecundar to fertilize, to conceive

fechoría crime

felicitar to congratulate, wish well

feo ugly

feroz ferocious

ferrocarril (el) railroad

fiar to trust

fiero fierce

figurado figurative, the thing agreed upon

fijar to fix, stabilize

fijarse to take notice of

fila row, line

a fin de in order to

fiscal (el) district attorney

fisonomía physiognomy, appearance

flagelo scourge

flaqueza weakness

flauta flute

fondos (los) funds

forjar to forge

fortaleza fortress, strength

forzosamente by force

fracasar to fail

fracaso failure

fracturar to break, fracture

frenos (los) brakes

fuente (la)   fountain, source; platter
fundamento   foundation
funesto   dismal, sad
fusilamiento   execution by shooting
fusilar   to shoot

G

gama   gamut
ganancia   profit, winning
garantizador   that which guarantees
garantizar   to guarantee
gastado   worn, wasted
gastar   to waste, spend
gato   cat; jack of an auto
género   type, gender
genio   genius
genocidio   genocide
gentilicio   national
gerencia   management
girar   to turn, rotate
golpear   to hit, beat
goma   rubber, paste
gozar   to enjoy
gozo   joy
gozoso   enjoyable
grado   degree
grasa   grease, oil
grasoso   greasy, oily
grato   pleasant
gravitar   to gravitate
gritar   to shout, yell
guardar   to keep, watch
de guardia   on duty

H

haber   to have *(aux. verb)*
haber de . . .   to have to, must
hacer alarde   to show off
hacer falta   to be lacking

hacer un viaje   to take a trip
halar   to tow, pull
hambriento   hungry
hasta que   until
he aquí   here is
hecho   fact
hembra   female (biological term)
heredar   inherit
herencia   inheritance
herida   wound
herido   wounded
herir (ie, i)   to wound, hurt
hogar (el)   home
hoguera   blaze
hoja   leaf
homicida (el, la)   murderer
homicidio   murder, homicide
hondo   deep
hongo   mushroom
huelga   strike
humeante   having the quality of, or immersed in smoke

I

idioma (el)   language
ignominiosamente   ignominiously
ilusorio   illusory
imagen (la)   image
impartir   to give off, impart
impasible   impassive
impedir (i)   to impede, hold back
ímpetu (el)   impulse, impetus
imponer   to impose
imponerse   to assert oneself

imprescindible imperative

impulsar to impel,
  prompt

impune unpunished

imputar to impute,
  attribute

inalcanzable unattainable

incansable unable to tire

incendio fire

incitar to incite

inclusive including

inconmensurable
  incommensurable

incontable innumerable

incontenible
  uncontrollable

incrementación (la)
  increase

indicar to indicate, show

índole (la) class, kind

indulto pardon

ineludible inevitable

infidelidad (la) infidelity

infiel unfaithful

infierno hell

infligir, inflingir to
  impose

infortunio misfortune

ingerir (ie, i) to introduce,
  insert

ingrato ungrateful

ingresar to register, to
  sign up, to enter

iniciar to begin

innato innate

insensato insane,
  insensate

insuperable
  insurmountable,
  unbeatable

integrar to integrate,
  compose

interferir (ie, i) to
  interfere

interponer to interpose,
  place between

intrepidez (la)
  intrepidness

inundación (la) flood

invernal *(adj.)* winter

invertido homosexual

invertir (ie, i) to invest

inviolable inviolable

invocar to invoke

irrazonable unreasonable

izquierda left

izquierdista (el, la) leftist
  (political term)

J

jalar to tow, pull

jamás never

jocoso humorous

jugo juice

juicio trial, judgment

a juicio de in the
  judgment of

jurado jury

jurar to swear

jurídico legal

L

ladino crafty

labios (los) lips

ladrillo brick

ladrón (el) thief

laico layperson, worldly,
  secular

lanzador pitcher

lazamiento pitch, throw

lanzar to throw, pitch

lata can

latido beat (of heart)

latir to beat

latón (el) large can

lavadora washing
  machine

lazo link

lectura reading

legumbre (la) legume, vegetable

lejano distant

lema (el) saying, motto

lenguaje (el) language

lento slow

lesión (la) injury, lesion

lesionar to damage, wound, injure

letra letter (of alphabet), words (of a song)

letrero sign

libelo libel

libertinaje (el) licentiousness

libremente freely

lícito lawful

líos problems

liquidar to liquidate, end

literato writer

locomoción (la) locomotion, movement

locutor (el) announcer, speaker

lograr to attain, reach

lucha fight

lucha libre wrestling

luchar to fight

lujo luxury

lujoso luxurious

luz (la) light

LL

llamativo attractive, showy

llano plane, level, flat

llanta tire

llegar (el) arrival, arrive

llegar a ser to become

llevar a cabo to carry out

llorar to cry

llover (ue) to rain

lluvia rain, rainfall

M

madera wood

madre patria motherland

madrileño native of Madrid

maestría mastery

majestuoso majestic

mal (el) evil, wrong

maldad (la) evil act

maleante rogue

malhechor malefactor, rogue, evil-doer

malvado evil person

manga sleeve

maniobra handiwork

manso tame, gentle

maravilla marvel, wonder

maravillarse to wonder at

marcharse to leave

marea tide

margen (el) margin, edge

masa mass, group

máscara mask, disguise

matador killer; bull-fighter

matanza killing

materia prima raw material

máximo highest, greatest

mayúscula capital letter

mecanografía typing

medianamente half, so-so, satisfactorily, average

mediano middle

mediante by means of

médico de guardia doctor on duty

medida measure, size

a medida que as

medio average (after a noun)

medio ambiente environment

meditar to meditate

mejorar to improve

menester necessary

menor minor

menoscabo detriment, damage

mente (la) mind

mentir (ie, i) to lie, deceive

mentira lie, deceit

mentiroso liar

a menudo often

mercancía merchandise

mercantil mercantile

merecer to deserve, merit

meta goal, aim

metrallador automatic gun, such as a machine gun

mezcla mixture

miedo fear

minúsculo very little

mitad (la) half

moderador moderating, moderator

modificar to modify, change

molde (el) mold

moldeado molded

moldear to mold

molestar to bother, annoy

montón (el) a lot, many

morbosidad (la) morbidness

morboso morbid

morder (ue) to bite

moreno brown, brown-skinned

mortífero fatal

mostrar (ue) to show

motor mover, motor

muchedumbre (la) crowd

mudarse to move, change residence

muebles (los) furniture

muelle (el) dock; spring (metal)

múltiple multiple, complex

muro wall, wall painting

N

nacer to be born

nacimiento birth

naipe (el) playing card

nave (la) ship

navegar to navigate

negar (ie) to deny, negate

nevar (ie) to snow

nexo bond

niebla fog

nieto grandson

ni siquiera not even

nivel (el) level

nocivo harmful, noxious

nórdico of the north

norma standard, norm

novillero one who tends the herd, novice bullfighter

novio boy friend, fiancé

nube (la) cloud

O

obra work

obrero worker

obscurecer to darken

obtener to get, obtain

ocultar to hide

odio hate, hatred

oído ear

ojalá I hope that, would that, I wish

ola wave

oleaje (el) succession of waves

olvido forgetfulness

operar to operate

opinar to have an opinion

oprimir to oppress

optar por to choose

opulencia opulence

oración (la) sentence (*gr.*)

orbe (el) sphere, earth, orb

ordenado ordinate, methodical, in order

de ordinario ordinarily

organismo organism, organization

orgullo pride

orgulloso proud

oriental eastern, oriental

osar to dare to

P

pa' apocope of para

pa' su escopeta get your gun! never give up!

padecer to suffer from

palanca lever, bar

pandereta tambourine

pantalones (los) pants

paños calientes (los) ineffective remedy

papas potatoes

papel (el) paper, role in a drama

paradoja paradox

parar to stop, halt

parecer to seem or be like, seem to

parecido likeness, likened to

pareja pair, couple

paria pariah, outcast

pariente (el) relative, relation

partidario fan, follower, believer, supporter

partido party, group, game

parroquiano customer, client

pasatiempo hobby, pastime

pase (el) pass (bullfight)

pasear to take a ride or walk

paso pace, pass

pata foot, paw of an animal

patear to kick

patente patent, evident

patín (el) skate

patinar to skate

patria country, homeland

patrocinado client, patronage

patrón (el) pattern (as of a dress)

payaso clown

peatón (el) pedestrian

pedazo piece, part

pedrada throw of a stone

pedir (i) to ask for, request

pelea fight, quarrel

pelear to fight

película film, movie

peligro danger

pelo hair

pelota ball

pelota de mano handball

pelotón de fusilamiento firing squad

pena de muerte capital punishment

penado punished

penas troubles

penuria indigence

peñón (el) rock, cliff

pequeñez (la) smallness, pettiness

pequeño (el) little one

perdurar to persist, keep on

perfeccionar to perfect

periódico daily, newspaper

periodista (el, la) journalist

periferia periphery

perjudicar to hurt, damage

perjudicial harmful

permanecer to remain

pertenecer to belong to, be a part of

pesadilla nightmare

pesar to weigh

a pesar de in spite of

pesca fishing

peso weight, dollar

picador horseman in bullfight who applies darts

piedra stone, rock

piel (la) skin, hide

piernas (las) legs

pieza piece, song

pieza musical musical piece, song

píldora pill

pillaje (el) plunder

pillo rogue, thief

pintura painting, paint

pisada footstep

pisar to step

piscina de natación swimming pool

pista track, runway

placer (el) pleasure

plaga plague

plagar to plague

platillos (los) cymbals

playa beach

plenitud (la) fullness, plenitude

plomo lead (min.)

poblar (ue) to populate

pobreza poverty

poderío power

pomo flask

poner de manifiesto to make public

poner fin a to put a stop to

poner por caso to cite

por ciento per cent

por el contrario on the contrario, on the other hand

por encima de regardless of, beyond comprehension or grasp, not aware of

por entero completely

por parte de on the part of

por su cuenta by oneself, alone

portaaviones (el) aircraft carrier

portar to carry, have

portentoso prodigious

poseer to possess

posterioridad (la) posteriority, state of coming later

postulado postulate

potencia power

prado meadow

precavido cautious

preciado prized

precipicio precipice, brink

premio prize

preponderante prevailing, preponderant

presenciar to witness, attend

presión (la) pressure

preso prisioner

prestar to lend

presupuesto budget

pretérito perfecto present perfect

prevalecer to prevail

prevenir to foresee

primo cousin

primordial fundamental, essential

principio beginning, principle

de prisa hurriedly

procedimiento procedure

procesal pertaining to a lawsuit

proceso case, trial

procrear to procreate

prodigio prodigy, marvel

prodigioso prodigious, marvelous

proeza prowess, feat

progenitor ancestor; biological parent

prójimo neighbor

proletario proletariat, working class

promedio average

propender to tend

proponer to propose

proporcionar to proportion, adjust

propósito purpose

proseguir (i) to pursue, continue

de provecho worthwhile, useful

proverbio saying, proverb

provocar to provoke

proyectar to project

prueba proof

puente (el) bridge

puesta del sol sunset

puesto que since

pulseras de hierro handcuffs, bracelets of iron

punible guilty

puntería marksmanship

punto de vista point of view

Q

quebrar (ie) to break, go bankrupt

quedar en estado to become pregnant

quehacer (el) task, job, work

queja complaint

quijotesco quixotic, idealistic

química chemistry

quirúrgico surgical

quitar to take away from

R

raciocinio reasoning

radicar to have root in, to lean or gravitate towards

raíz (la) root

rama branch

rascacielos (el) skyscraper

rasgo feature, characteristic

razonar to reason, give reason

reacción en cadena (la) chain reaction

realmente really

reanudar to begin again

rebatir to beat, repel, refute

rebelde (el, la) rebel

rebeldía rebelliousness

recaudar to collect, gather

recitar to recite

reclamación (la) complaint, claim

reclamar to claim, complain

recobrar to recover

reconocimiento recognition

¡recórcholis! wow!

recorrer to travel over, pass over (for a particular reason)

recorrido a space traveled

recuerdo memory, reminder

recurso recourse

redactar to edit

redundar to result in

reemplazar to replace

reflejo reflection

reflexionar to reflect, think over

régimen (el) regime

regir (i) to rule

regla rule

regresar to come back, return

rehusar to refuse

reivindicación (la) recovery

relacionar to relate

relampaguear action of lightning, flash

relatar to relate

reloj (el) wrist watch, clock

remedio remedy, way

remolcador (el) tugboat

remontar to rise, to remount

renacer to be reborn

rendirse (i) to surrender

reñir (i) to argue

reo criminal

repente (de) suddenly

repleto very full, replete

requerir (ie) to require

requisito requirement

rescate (el) ransom

resfriado cold (illness)

restante left, other, left over

restos (los) remains

restringir to restrain

retar to dare

retirarse to withdraw, retire

retropropulsor (el) jet

reunir to gather, unite

revista magazine

rezar to pray

riesgo risk

rigor (el) rigor, severity

rincón (el) corner of a room

riña quarrel

riqueza riches

risa laughter

robo robbery

rodeado surrounded

rodear to surround

rodilla knee

romper to break, tear

rubio blond

rueda wheel

ruido noise

rumbo a on the way to

S

sabiamente wisely

sabiduría wisdom

sabio wise

sabroso delicious, pleasant

sacerdote (el) priest

sagrado sacred

salida exit, outlet

salir en estado to become pregnant

salvaje savage, wild

salvar to save

salvo safe, except

sanción (la) sanction

sangre (la) blood

sangriento bloody

sano healthy

sano y salvo safe and sound

saqueo sacking

saya skirt

sazón (la) seasoning, condiments

secuestrar to kidnap

secuestro kidnapping

sede (la) seat (of power)

seguir (i) to follow, continue

seguridad (la) security

selva forest, jungle

semejante (el) fellow creature; *(adj.)* alike

semilla seed, pit, stone (of a fruit)

senado senate

sencillez (la) simplicity

sensatamente sanely, with common sense

señal (la) sign, signal

señalado marked

sequedad (la) dryness, drought

ser (el) being

serio serious

siglo century

simpatizar to sympathize

simplificar to simplify

sin cuento countless

sin embargo nevertheless

sin que without

sino but

sinrazón (la) wrong, injury

sismo earthquake

situar to place, put

soberbia pride, arrogance

soborno bribe

sobrar to exceed

sobresalir to stand out, be outstanding

sobrevivir to survive

sodomita homosexual, sodomite

sofocar to choke

soleado sunny

soltero bachelor

sombra shadow, shade

sonido sound

soñar (ue) con to dream of

sóquer (el) soccer

sostener to maintain, sustain

súbdito subject

subsistir to subsist

substancia, sustancia substance

subvertir (ie, i) to subvert

suceder to happen

sucedidos events, results

sudor (el) sweat, perspiration

sufrimiento suffering

sugerir (ie, i) to suggest

sujetar to subject

sujeto subject

en suma in short, in summation

superar to exceed

superdotado overendowed

supremacia supremacy

suprimido omitted, suppressed

suprimir to suppress, omit

supuesto supposition

surcar to plow through

surgir to arise, come forth, to happen

sustancia, substancia
substance

sustituir to substitute

T

tacto tact, sense of touch

tamaño size

tambor (el) drum

tan pronto como as soon as

tanto de as much from (of)

taquigrafía shorthand

tarea job, task

taurino relating to the bullfight

técnica technique

tecnicismo technicality

techo roof, indoors

temblor de tierra (el) earth tremor

temor (el) fear

templado temperate

temprano early

tender (ie) to tend to

tendido lying down

tener a su cargo to have charge of

tener en cuenta to bear in mind

tener ganas to really want to, be anxious, be willing

tener que to have to

teorizar to theorize

tergiversar to tergiversate, change attitude or opinion

término end

terremoto earthquake

terrenal earthly

terreno land

testigo witness

tierno tender

timón (el) steering wheel

tinieblas (las) darkness, night

tipo type, person, guy

tirar to shoot

tiro shot

tocadiscos (el, los) record player

tocar to play or sound, touch

tocarle en suerte to be lucky

tolerar to tolerate

toreo bullfight

torero bullfighter

tormenta storm, torment, tempest

torre (la) tower

traición (la) treason, betrayal

traidor traitor

traje (el) suit of clothes

traje de luces bullfighter's costume

trámite (el) step, proceeding

transeúnte (el, la) passer-by

transmitir to transmit

trascendente important

trascender (ie) to extend

trasladar to move

traspasar to pass over

trastornado upset

trastorno upheaval

a través de through, by

travesía distance, trip, passage

trazar to trace, chart

trepidar to vibrate

trigueño swarthy

tripulación (la) crew

triste sad

triunfar to triumph, win

trozo musical musical piece

truco trick

truncar to mutilate

turbado upset, embarrassed

U

unir to unite, join

utilidad (la) utility, use

V

vacilar to hesitate

vacío vacuum

vagabundo vagabond, wanderer

vago bum, lazy

valer la pena to be worth the trouble

valerse de to make use of

varón boy, male

vasto vast, extensive

a veces at times, sometimes

vejez (la) old age

velar to watch, keep watch

vencer to overcome

venganza vengeance, revenge

venirle en ganas to do as one pleases

venta sale

ventaja advantage

veraniego summer, summery

de veras really, truly

verdaderamente truly

verídico real, truthful

verter (ie) to reveal, empty

vestido dress

vestido de etiqueta formal dress

vestirse (i) to get dressed

vez (la) time, occasion

de vez en cuando every so often

a su vez at the same time

en vez de instead of

vicio vice, bad habit

vicisitud (la) vicissitude, ups and downs

victimario murderer

vientre (el) belly, womb

vigilar to watch

vincular to entail

vínculo bond

violación (la) violation, rape

violar to violate, rape

a virtud de by virtue of

a la vista at sight

con vista de with the purpose of

viviente living

vocablo word

vocero spokesman

volar (ue) to fly

voluntad (la) will

voz (la) voice

vuelo flight

Y

ya que since

yugo yoke, oppressive law

Z

zozobra uneasiness

INDICE DE TEMAS GRAMATICALES

Créditos fotográficos

Capítulo 1: Peter Menzel
Capítulo 2: Peter Menzel
Capítulo 3: Andrés C. Díaz
Capítulo 4: Spencer Grant/The Picture Cube
Capítulo 5: Peter Menzel
Capítulo 6: Peter Menzel
Capítulo 7: José Blanco/Hispanex
Capítulo 8: Peter Menzel
Capítulo 9: Peter Menzel
Capítulo 10: Revista *Más*: Invierno, 1989
Capítulo 11: Peter Menzel
Capítulo 12: Frank Siteman/The Picture Cube
Capítulo 13: William Thompson/The Picture Cube
Capítulo 14: Peter Menzel
Capítulo 15: Peter Menzel
Capítulo 16: Peter Menzel
Capítulo 17: David R. Urbina
Capítulo 18: Lynn McLaren/The Picture Cube
Capítulo 19: Stanley Rowin/The Picture Cube
Capítulo 20: Peter Menzel
Capítulo 21: Steve Stone/The Picture Cube
Capítulo 22: MacDonald Photography/The Picture Cube
Capítulo 23: Frank Siteman/The Picture Cube
Capítulo 24: MacDonald Photography/The Picture Cube
Capítulo 25: MacDonald Photography/The Picture Cube
Capítulo 26: Peter Menzel
Capítulo 27: Peter Menzel (both photos)
Capítulo 28: David D. Morrison/The Picture Cube

comiendo chocolate
y palomitas de maíz
sintiendo que era yo,
el que besaba a aquella actriz.

El ruido de las fábricas al despertar
los olores y colores de la gran ciudad
me hicieron sentir que yo estaba allí,
que estaba allí.

El cuerpo de esa chica que empezó a temblar
cuando el protagonista la intentó besar
me hicieron sentir que yo estaba allí,
que era feliz.

© 1988 Ed. Mus. YOGI SONGS

NO HAY MARCHA EN NUEVA YORK

' Es una _canción_ singular
la de que el dólar esté devaluado
que no hay que dejar _escapar_
para viajar a ultramar
en un _____ dado
cuando tomo una decisión
soy peor que Napoleón
y aunque no me _vaya_ el avión
soy un hombre de acción
y por eso.

Me marcho a Nueva York

Como en "Hijos de un dios menor"
traté de hacerle entender
a un policía
a la _estatua_ de la Libertad
¿me dice usted cómo se va?
su señoría
y al adoptar la posición
de esa _____ en cuestión
se pensó que era un comunista
buscando _lugar_ y lo tuve.

No hay marcha en Nueva York
ni aunque lo juré Henry Ford
no hay marcha en Nueva York
y los _jamones_ son de York
pensé que iba a estar mejor _aca_
que te comen el _____
con los telefilmes
pero es un ardid
y estoy _loca_
por irme
a _Madrid_ madrid

© 1988 Ed. Mus. BA-BA BLAXI MUSIC

MUJER CONTRA MUJER

Nada tienen de especial
dos mujeres que se dan la mano
el matiz viene después

me marcho a Nueva York
con la navaja de explorado
me mareo en el avión
señorita ———
el menú me ha hecho daño
sería usted tan gran ———
de acercarme al ———

Un fundido en negro y después
plano picado al revés
de ———
y yo allí dispuesto a triunfar
como San Juan de la Cruz
en el carmelo
mi primera ———
los problemas de comunicación
más de dos millones de ———
y allí no había nadie en ———

Ya estoy en Nueva York
y no le veo buen
ya estoy en Nueva York
tampoco he visto ningún ———
me hieren el pundonor
no dejándome entrar en las discos de ———
que si si eres "espanis" ni un ——— con soda.

Luego a solas sin nada que perder
tras las manos va el resto de la piel
un amor por ocultar
y aunque en cuenta no hay donde esconderlo
lo distrazan de amistad
cuando sale a pensar por la ciudad.

Una opina que aquello no está bien
la otra opina que qué se le va a hacer
y lo que opinen los demás está de más.

Quien detiene palomas al vuelo
volando a ras de suelo
mujer contra mujer.

No estoy yo por la labor
de tirarles la primera piedra
si equivoco la ocasión
y las hallo labio a labio en el salón
ni siquiera me atrevería a toser
si no gusto ya sé que que hacer
que con mis piedras hacen ellas su pared.

Quien detiene palomas al vuelo
volando a ras de suelo
mujer contra mujer.

En la base todo era silencio
esperando alguna señal.
Todos con los cascos en la oreja
oyeron a la perra ladrar.

Mientras en la tierra una gran fiesta
gritos, risas, llantos y champagne
Laika miraba por la ventana
que será esa bola de color
y que hago yo girando alrededor.

Preparado está ya el cohete para zarpar
el control en tierra dice a Laika adios.

Una noche por el telescopio
una nueva luz apareció
nadie pudo darle una explicación
al asomo del nuevo sol.

Y si hacemos caso a la leyenda
entonces tendremos que pensar
que en la tierra hay una perra menos
y en el cielo una estrella mas.

© 1988 Ed. Mus. YOGI SONGS

EL BLUES DEL ESCLAVO
(Version Tango)

El ser negrito
es un color
lo de ser esclavo
no lo trago
me tiene frito
tanto trabajar de sol a sol
las tierras del maldito señorito.

Los compañeros
piensan igual
o hay un Espartaco

las palizas del patrono
y el derecho de pernada.

Y el que prefiera que se vuelva
al Senegal
correr desnudos por la selva
con la mujer y el chaval
ir natural
"erguiendo" cuello y testuz
como hermana avestruz
para que no digan
que somos unos zulus
ir cantando este blues.

Y el que prefiera que se vuelva
al Senegal
correr desnudos por la selva
con la mujer y el chaval
ir natural
"erguiendo" cuello y testuz
como hermana avestruz
para que no digan
que somos unos zulus
ir cantando este blues.

Y el que prefiera que se vuelva
al Senegal
correr desnudos por la selva
con la mujer y el chaval
ir natural
"erguiendo" cuello y testuz
como hermana avestruz
para que no digan
hemos hecho ese blues.

© 1988 Ed. Mus BA-BA BLAXI MUSIC

"El blues del esclavo pretende ser
una desfiguración humorística del

son mas de ochenta
los que curvan tu osamenta skeleton
"Eungenio" Salvador Dalí.

Bigote rococó rococo
de dónde acaba el genio
a dónde empieza el loco
mirada deslumbrada
de dónde acaba el loco
a dónde empieza el hada fairy
en tu cabeza se comprime la belleza
como si fuese una olla expres pressure cooker
y es el vapor que va saliendo por la pesa
mágica luz en Cadaqués.

Si te reencarnas en cosa
hazlo en lápiz o en pincel
y Gala de piel sedosa
que lo haga en lienzo o en papel
si te reencarnas en carne
vuelve a reencarnarte en ti
que andamos juetos de genios
"Eungenio" Salvador Dalí.

Realista y surrealista
con luz de Impresionista
y trazo impresionante
delirio colorista
colirio y ocultista
de ojos delirantes
en tu paleta mezclas místicos secretos
con ballonetas y con telas
y en tu cerebro Gala Dios y las pesetas
buen catalán anacoreta.

Si te reencarnas en cosa
hazlo en lápiz o en pincel
y Gala de piel sedosa
que lo haga en lienzo o en papel

Y en el rel
como de
cinco m

Hacemos
cinco mi
de la cuen

Marineros
y alguno
cura des
Entre grit
enormes
algo a la

Y en el rel
como de
cinco mi

Hacemos
cinco mi
de la cuen

Y aunque
a los que
y a ver si
y en el art

1, 2, 3 y 4
que la qui
y la sexta

Y decimos
y pedimos
que en el
a ver si en
pueden se

En la Puel
como el ti
otra vez
y el alqui

desde Kunta Kinte a nuestros días
pocas mejoras
a ver si ahora con la guerra de secesion
se admite nuestro sindicato del algodon
que a saber
quiere obtener
descanso dominical, un salario normal
dos pagas, mes de vacaciones
y una pension tras la jubilacion
que se nos trate
con dignidad
como a semejantes
emigrantes
que se terminen
las pasadas.

negros, que respetimos
profundamente como admiramos la
figura de Martin Luther King.

"EUNGENIO" SALVADOR DALI

Dali se desdibuja
tirita su burbuja
al descontar laticos
Dali se decolora
porque esta lava-lora
no distingue tejidos
el se da cuenta
y asustado se lamenta
los genios no deben morir

"Eungenio" Salvador Dali.
© 1988 Ed. Mus. BA-BA BLAXI MUSIC

UN AÑO MAS

En la Puerta del Sol
como el año que fue
otra vez el champagne y las uvas
y el alquitrán, de alfombra están.

Los petardos que borran gonidos de ayer
y acaloran el ánimo
para aceptar que ya, pasó uno más.

(Según rel
18 enero 4
acompaña
Oates, alcı
hazaña de
latitud 0 o
explorado.
fracasado

16 de febr
cinco ing
Evans va
y colgada